일등을 그만두기로 했다

일등을 그만두기로 했다

세상의 정답 대신
나만의 질문을 찾는 법

Choose myself

박지원 지음

일요일오후

성공의 끝에는 행복이 있을까

우리 사회에는 '일등=성공=행복'이라는 암묵적인 합의가 어느 정도 이뤄져 있습니다. 그리고 무척 감사하게도, 저는 공부에 재능을 타고난 편입니다. 그 덕에 학교에서 공부를 잘해 줄곧 '일등'을 놓치지 않았고, 사회가 바라는 보편적인 성공의 기준에 가닿아, 꽤 성공한 사회인이 되었습니다. 그럼 일등의 인생을 살아온 저는 주욱 행복했을까요? 아쉽게도 그렇지는 않습니다. 다시 말해 저는 공부에 재능이 있었지만, 행복 찾기에는 별다른 재능이 없었습니다.

우리는 어릴 때부터 많은 것을 배우며 자라지만, 행복해지는 법은 딱히 누가 알려주는 것 같지 않고, 별달리 배울 곳도 없습니다. 어릴 적부터 지식을 배우고, 규범을 배우고, 예의를 배우고서 사회에 나오게 될 즈음에는 사회인으로서 크게 모자람이 없게 되지만, 이 모든 것은 결국 '성공하는 법'을 배우는 것에 가깝지 않을까 합니다. 우리 사회에서는 성공과 행복이 으레 동일시되곤 하니까요.

오죽했으면 대학생이 되자마자 처음으로 제 손으로 고른 교양 수업이 '행복의 탐구'였을까요. 저는 그만큼이나 행복을 갈망했지만 언제나 요원하게만 느껴졌죠. 그래도 노력파인 저는 그토록 원하던 행복을 찾아 이것저것 부딪히고 몸부림친 결과, 내가 어떤 사람인지에 대한 데이터를 쌓고, 그 데이터에 부합하는 선택과 도전을 하며 차츰 저만의 행복을 향해 한 발씩 나아가고 있습니다.

서른 중반이 된 지금의 저는 제법 행복하다고 말할 수 있게 되었습니다. 행복 찾기에는 별다른 재능을 타고나지 못한 저도 저만의 행복을 찾았으니, 다들 자기만의 행복을 찾으실 수 있으리라 믿습니다.

이 책에는 행복과 거리가 멀던 제가, 우여곡절을 거치며 기어코 행복에 다다르게 된 경위를 진솔하게 담았습니다. 무엇보다 사회적인 관점에서 성공의 한 정점에 도달한 후, 주류를 거스르는 선택을 하고 비로소 저만의 절충안을 찾았다는 점에서, '성공의 끝이 행복'이라는 사회적인 통념에 의구심이 든 독자님들께 자그마한 도움이 될 수 있지 않을까 합니다.

공부 잘하는 사람, 나아가 일등이 선망받는 이유는 이들이 성공할 가능성이 높고, 남들보다 행복한 삶을 살 확률이 높다는 전제가 깔려 있기 때문이겠죠. 그러니 '일등=성공=행복'이라는 공식이 깨진다면 자신을 혹사하며 일등을 추구하거나, 일등을 부러워할 까닭도 없을 테고요. 이때부터는 '나는 무엇을 어떻게 해야 행복한가'라는 질문이 훨씬 중요해질 것입니다.

삶의 어느 기로에서 이 질문을 마주했을 때, 이 책이 독자님들이 각자 자신만의 행복을 찾도록 돕는 길잡이가 되었으면 합니다. '일등이기에 애당초에 나랑은 다른 사람'이라고 선을 긋기보다는, '일등씩이나 하고도 행복하지는 못했던 사람'의 고군분투라 봐주시면 감사하겠습니다. 행복에는 나만의 고유한 조합이 있을 뿐이지, 우열이 있을 수는 없으니까요.

이 책을 동해 여러분이 '나만의 행복'을 찾는 데 한 발찍 가까워지면 좋겠습니다.

목차

2부.

내적 동기의 점화:
다른 세계선의 나를 만난 순간

1부.

외적 동기의 소진:

모두가 바라는 길의
막다른 곳에서

1장.

마인드셋:

말 잘 듣는
아이의
선택법

I

말 잘 듣는 아이의
희노애락

말 잘 듣는 아이로 태어나다

이 글을 읽고 있는 당신은 유년 시절을 어떻게 기억하시나요? 저는 전형적인 '말 잘 듣는 아이'였습니다. 부모님과 선생님은 물론 엄마 친구분들까지도 모두 좋아할 만한, 그런 무난하고 순종적인 아이였죠. 그래서인지 계속 말 잘 듣는 아이로 자라다 보니, 저도 모르게 남의 말을 따르는 데 익숙해졌던 것 같습니다.

사실 어릴 때는 부모님이 틀리거나 위험한 길을 알려주는 경우가 드뭅니다. 그러니 별다른 의심 없이 어른들이 정해주는 길로만 향하면 삶이 제법 수월해집니다. 고민의 비용을 줄이는,

꽤 효율적인 생존 방식인 셈입니다.

하지만 모든 장점에는 그림자가 있기 마련입니다. 타인의 말을 잘 듣는다는 건, 내면의 소리를 들을 기회를 놓친다는 뜻이기도 하죠. 저는 어릴 적 '나' 자신에 대해 치열하게 생각해볼 계기가 별로 없었습니다.

"커서 뭐가 되고 싶어?"라는 질문보다는 "서울대 가서 판사해야지"라는 말이, "지금 뭐 하고 싶어?"라는 질문보다는 "이제 공부해야지"라는 말이 익숙했습니다. 이쯤 되면 한 번쯤 "왜요?"라고 물었을 법도 한데, 하도 어릴 때부터 1등, 서울대, 의사, 판사라는 말만 듣다 보니 그걸 좇는 삶을 너무나 당연하게 여겼습니다. 저에게 그 궤도 바깥은 모두 불안한 차선책처럼 보였습니다.

세상이 바라는 삶의 정답을 내면화하다

지금은 세상이 많이 달라져 다양성이 존중받는 시대가 됐지만, 불과 20~30년 전만 해도 부모님을 비롯해 학교와 사회가 아이들에게 바라는 암묵적인 '삶의 정답'이 존재했습니다. 어른들 말씀 잘 듣고, 공부 열심히 해서, 좋은 대학에 간 뒤, 전문직이 되거나 대기업에 입사하는 것. 많은 이들이 고개를 끄덕일 만한, 지극히 바람직한 덕목의 나열에 가깝습니다.

냉정하게 보면 서른이 훌쩍 넘은 지금 들어도 꽤 설득력 있는 인생 시나리오입니다. 그러니 당시의 저처럼 '말 잘 듣는 아이'에게 이 '삶의 정답'은 너무도 타당한 가이드로 다가오겠죠.

　원래도 시키는 일을 군말 없이 해내는 기질을 타고난 저는, 부모님과 사회의 요구를 자연스럽게 제 것으로 내면화했습니다. 딱히 의심이나 불만도 없었습니다.

　심지어 저는 3월생이라 소위 '빠른 생일'인 1, 2월생에 끼지 못했음에도, 부모님은 한 살 위인 친구들과 함께 입학하는 것이 미래의 성공에 조금이라도 보탬이 될 것이라는 믿음으로 조기 입학을 결정하셨습니다. 그 결과 저는 동갑내기 친구들보다도 일 년 더 일찍, 성공을 향한 가열한 경쟁의 투기장에 올라섰습니다. 남들보다 조금 더 빨리 달리기 시작한 셈입니다.

성실함이라는 재능

　친구들보다 한 살 어려서인지, 혹은 타고난 기질 탓인지 모르겠지만 저는 학교에서 눈에 띄지 않는 조용하고 내성적인 아이였습니다. 한 반이 마흔 명 남짓 되던 시절이었는데, 생년월일 순으로 번호가 부여되다 보니 저는 늘 43, 44번이었습니다. 어린 마음에 항상 그 뒷번호가 그리 달갑지는 않았던 기억이 납니다.

초등학교 때는 성적 개념이 희미했지만 당시에도 제 성격은 분명했는데요, 제 성격은 지독할 정도로 성실했습니다. 준비물을 잊거나 숙제를 놓치는 일은 상상도 못 했고, 주어진 과제는 반드시 완수해야 직성이 풀렸습니다. 심지어 미뤘다가 개학 전날 몰아서 쓰는 게 '국룰'이라던 방학 그림일기조차, 하루도 빼먹지 않고 꼬박꼬박 썼습니다.

중학교에 들어가면서부터 저는 공부에 제 모든 에너지를 쏟기 시작했습니다. 교복을 처음 입고 치른 첫 중간고사에서 전교 2등을 하자, 아버지가 너무 기쁘신 마음에 고급 쿠키 세트를 사오셨던 날이 지금도 선명합니다.

그런데 이 장면 이외에는 초중고 시절을 통틀어 기억나는 장면이 별로 없습니다. 그렇게 짧게는 6년, 길게는 12년을 저는 철저히 학생의 본분에 따라 살았습니다. 수업 시간에 집중하고, 배운 내용을 잊기 전에 복습하고, 시험 기간에는 긴장의 끈을 놓지 않고 대비하고, 모의고사를 비롯한 각종 시험에 최선을 다하는 삶. 그것이 제 유년 시절의 전부였죠.

정답을 좇는 삶, 꽤 괜찮은 전략일지도?

과거의 시간이 아깝다거나 후회된다는 식의 이야기를 하려는 것은 아닙니다. 오히려 사회가 '정답'이라 제시한 방향으로 묵묵히 노력해준 과거의 제가 대견하기까지 합니다. 삶의 방향에 의문을 제기하기에는, 제 마음에 사회의 정답이 너무 깊이 내면화되어 있었습니다. 좋은 대학에 가고 싶다는 열망이 강했고, 어쨌거나 한 해 한 해 버티면 끝이 보이는 레이스였으며, 시간은 늘 생각보다 빨리 지나갔으니까요.

때때로 힘들었지만, 다행히 학교의 시스템은 공부 잘하는 학생에게 친절했습니다. 그 덕에 저는 친구들과 선생님의 인정을 받으며 크게 불행하지 않은 유년기를 보낼 수 있었죠. 한마디로 운이 좋았습니다. 별다른 삶의 주관이 없었던 저에게 때마침 공부에 재능이 있었으니까요.

'말 잘 듣는 아이'로 사느라 삶의 방향이나 목표를 치열하게 고민해보진 못했지만, 역설적으로 그 덕분에 저는 사회적 인정과 칭찬을 받으며 별다른 진통 없이 성장할 수 있었습니다.

물론 가끔은 이런 생각도 해봅니다. 좀 더 일찍부터 내가 하고 싶은 것이 무엇인지, 정말로 바라는 것이 무엇인지 고민해봤다면, 내 삶의 궤적은 지금과 꽤 달라지지 않았을까 하고요.

고민이 길어진다면, 우선은 궤도에 올라보길

세상이 많이 바뀌었다지만, 여전히 학업과 대입을 삶의 최우선 목표로 두는 우리나라의 현실에서 '말 잘 듣는' 자질은 분명 높은 평가를 받습니다. 저는 이를 굳이 깎아내리거나 부정적으로 평가하고 싶지는 않습니다.

그런데 아이러니하게도 제가 성인이 되고, 뒤늦은 진로 방황과 부모님과의 갈등을 친구들에게 털어놓았을 때 가장 많이 들었던 말이 바로 이것이었습니다. "넌 어릴 때부터 말을 너무 잘 들어서 그래."

좀 더 일찍부터 말을 안 들어서 부모님이 일찌감치 '포기'한 친구들은, 역설적으로 좀 더 이른 시점에 본인이 원하는 삶을 깨닫고 방향을 잡은 듯했습니다. 삶은 크고 작은 결정의 연속인데, 말을 자꾸 안 들다 보니 타인이 그 결정을 대신 해주기를 포기하게 만들었고, 자연스레 본인이 직접 결정하는 훈련을 하게 되는 것이겠죠.

물론 그 친구들도 일부러 부모님 속을 썩이려고 그런 것은 아니었을 겁니다. 사람이 살다 보면 본인이 원하는 것과 부모님 또는 사회가 원하는 것 사이의 괴리를 맞닥뜨리게 됩니다. 그런 결정적인 순간에 본인의 의견을 꺾지 않으면 소위 '말 안 듣는 아이'가 되고 말죠.

저는 그때 제 의견이 따로 없었기에 '말 잘 듣는 아이'로 살았습니다. 그랬던 과거가 원망스럽지는 않습니다. 그때로 돌아가서 억지로 '말 안 듣는 아이'가 될 수도 없고, 그럴 필요도 없다고 보는 편이죠.

다만, 한 가지는 분명히 말씀드릴 수 있겠습니다. 만약 삶에서 자기 바람이 무엇인지 충분히 고민했고, 치열하게 궁리해 뜻을 세웠다면 그 삶의 방향은 존중받아 마땅하다는 걸요. 그리고 그 방향이 타인의 바람과 어긋나 말 안 듣는 아이가 되어야 하는 상황이라면, 저는 기꺼이 말 안 듣는 아이가 되라고 응원하고 싶습니다.

하지만 반대로, 아직 내가 무엇을 원하는지 모르겠다고 불안해할 필요 또한 없습니다. 방향이 보이지 않을 때는, 일단 세상이 말하는 '정답'을 좇아보는 것도 훌륭한 전략입니다. 고민만 하며 멈춰있는 것보다는, 안정적인 궤도 위를 달리다 보면 절로 해결되는 문제들도 많으니까요.

II

세상의 정답을 맞춘 쾌감, 그리고 그 이후

세상의 욕망을 욕망하는 법

입시생에게 명문대 입학은 인생의 전부이자 유일한 구원처럼 느껴집니다. 저 역시 그랬습니다. 고등학생이던 저에게 서울대 입학은 종교에 가까운 믿음이었습니다.

"좋은 대학만 가면 인생이 술술 풀린다", "일단 대학 간 다음에 생각해도 늦지 않다."

부모님과 선생님들이 주입한 이 말들은 10대의 제가 듣기에 매우 합리적이었습니다. 아직 내가 무엇을 좋아하는지, 어떤 일을 하고 싶은지 도통 몰랐으니까요. 내가 모르는 만큼 미래의 선택지는 최대한 넓혀두는 것이 안전한 전략이라고 판단했습니다. 그래서 저는 제 욕망을 유보하고, 세상이 정답이라고 하는 것을 추구하기로 했습니다.

목표가 정해졌으니 그에 합당한 비용을 지불해야 했습니다. 저는 아주 어릴 때부터 아토피성 피부염을 앓았는데, 이 병은 스트레스에 아주 취약합니다. 고3 수험 생활 내내 저는 밤낮없는 가려움증과 싸워야 했습니다. 아침에 눈을 뜨면 밤새 긁어서 터진 진물과 피로 베개가 붉게 물들어 있곤 했죠.

그 피 묻은 베개를 볼 때마다 서러움이 밀려왔지만, 멈출 수는 없었습니다. 저에게 이 고통을 보상해줄 유일한 출구는 오직 '합격'뿐이었으니까요.

전공 선택, 그저 가장 높은 곳으로

고3 2학기, 원서 접수 시즌이 되자 현실적인 선택의 순간이 찾아왔습니다. 서울대라는 목표는 정해졌지만, 학과가 문제였습니다.

제 성향에는 인문대학이 맞았습니다. 언어를 좋아했고, 문학이나 언어학을 공부하면 재미있을 것 같았습니다. 하지만 이 막연한 취향은 "밥 벌어먹기 힘들다"라는 어른들의 한마디로 일축되었죠. 결국 저는 자연스럽게 경영대학을 지망했습니다.

경영이 무엇인지, 기업이 어떻게 돌아가는지 단 하나도 몰랐지만, 지망 이유는 단순했습니다. 당시 법대가 사라진 이후, 문과에서 가장 입결 높은 곳이 경영대였기 때문입니다.

'이왕 세상의 정답을 좇기로 했다면 가장 점수가 높은 곳, 가장 인정받는 곳으로 가자.'

합격자 발표 날, 모니터에 뜬 '합격' 두 글자를 보고 소리를 질렀습니다. 손에 땀을 쥐게 하던 긴장이 환희로 바뀌었죠. 늘 아들이 없어 아쉬워하던 아버지도 딸이 동문이 되었다는 사실에는 감격하셨고, 주변의 부러움도 넘치도록 쏟아졌습니다. 세상의 정답을 정확히 맞힌 대가는 기대만큼이나 달콤하고 짜릿했습니다.

학벌이라는 만능 자격증

그렇다면 그토록 갈망하던 서울대 간판, 실제로 살아보니 어땠을까요? 인생이 송두리째 바뀌고 매일이 행복했을까요? 물론 그런 일은 없습니다. 다만 학벌이 분명 쓸만하다고는 말할 수 있겠습니다.

저는 학벌을 '만능 자격증'이라 표현하고 싶습니다. 운전 능력을 증명하는 운전면허증, 요리 실력을 증명하는 조리사 자격증과 같이 학벌이란 특정한 역량뿐만이 아니라 다양한 자질에 대한 인증마크 역할을 합니다. 누군가에게 "안녕하세요. 34살

아무개입니다"라고 소개하는 것과, "안녕하세요. 서울대 졸 34살 아무개입니다"라고 설명하는 것에는 불공평하리만큼 큰 차이가 느껴질 것입니다. 학교 간판은 구구절절한 설명 대신 '이 사람은 어느 정도 성실성과 학습 능력이 검증되었음'을 보증해줍니다.

물론 이 편리한 자격증이 없더라도 실제 사업이나 직장, 인간관계를 쌓아나가는 과정에서 얼마든지 역량을 입증할 수 있습니다. 그런 의미에서 학벌이 성공을 위한 필요조건은 결코 아닙니다. 하지만 각종 자격증, 평판, 저술, 경력이 그러하듯, 좋은 학벌은 나를 증명하는 시간을 줄여줍니다. 그리고 치열한 경쟁 속에서 늘 새로운 사람을 만나고 낯선 곳에서 나 자신을 입증해야 하는 사회에서, 한 가지도 아닌 여러 가지 자질이 일단 보증된다는 것은 상당히 편리한 일입니다.

저는 이 편리함의 덕을 톡톡히 보았습니다. 과외를 구할 때도, 로펌에 입사할 때도요. 그래서 저는 다시 학창 시절로 돌아간다 해도 열심히 공부해 좋은 대학에 가려 노력할 것입니다. 이 편리함의 효용을 여실히 체감했으니까요.

성공은 목적지가 아니라 입장권일 뿐

하지만 편리함과 행복은 같은 말이 아니죠. 식기세척기가 있다고 해서 요리 실력이 늘거나 밥맛이 좋아지는 건 아닙니다. 그저 설거지가 편해질 뿐이죠. 학벌도 마찬가지입니다. 좋은 대학을 나오는 것과 '어떻게 살 것인가'에 답을 내리는 것은 전혀 다른 이야기입니다.

"대학 가면 남자친구 생긴다"라는 말만 믿었다가 정작 연애를 못 하는 새내기처럼, 저는 대학 입학 후 딱 1년간 캠퍼스 라이프를 누리고는 제가 어떤 때 행복한지 고민해볼 새도 없이 곧바로 사법시험을 준비하게 됐죠.

대입 성공은 인생의 해피엔딩이 아니라, 사법시험이라는 다음 스테이지로 넘어가기 위한 입장권에 불과했죠. 그것도 아주 값지고 효과 좋은 입장권이었지만, 그것만으로는 제가 정말로 무엇을 필요로 하거나 바라는 사람인지 알 수 없었습니다.

성공, 행복, 자아실현… 인생에서 우리가 보편적으로 추구하는 진짜 가치들은, 단순히 명문대 입학을 비롯한 평면적인 성취만으로 거저 주어지지 않습니다.

Ⅲ

"합격 못 하면 죽어버릴 거야"

20대 청춘을 판돈으로 건 승부

어떤 목표에 인생을 걸어본 적 있으신가요? 그것도 실패하면 다시는 일어설 수 없을 것 같은 공포 속에서 말이죠.

앞서 말했듯, 대학 입학 후 잠시 누렸던 캠퍼스의 낭만은 1년 만에 끝났습니다. 부모님은 제가 어릴 적부터 꿈꿔왔던, 아니 어쩌면 부모님이 제게 투사한 법조인이 되기를 여전히 원하셨고, 저에게도 경영학도보다는 법조인이 더 근사해 보였습니다.

게다가 사법시험이 몇 년 후 폐지된다는 소식은 저를 벼랑 끝으로 몰아넣었습니다. 스무 살, 남들은 미팅이다 동아리다 하며 청춘의 자유를 만끽할 나이에, 저는 휴학계를 내고 신림동 고시

촌 독서실에 제 발로 걸어갔죠.

사법시험은 대학 입시와 또 달랐습니다. 수능은 조금 미끄러져도 점수에 맞춰 대학을 골라 갈 수 있지만, 사법시험은 합격과 불합격으로만 판가름 나죠. 중간은 없었습니다. 합격하면 판검사나 변호사가 되지만, 불합격하면 고시낭인이 될 뿐이죠.

제 인생에서 공부가 힘들다고 느낀 적은 그때가 처음이었습니다. 기본서 한 페이지를 넘기기가 힘들 정도로 내용이 어려웠고, 외워야 할 양은 상상을 초월했죠. 또 무엇보다 합격하지 못하면 그 무엇도 아니게 된다는 불확실성이 저를 가장 괴롭게 만들었습니다.

"내가 과연 될까?" 이 질문이 머릿속을 맴돌 때마다 숨이 턱 막혔습니다. 지금의 저라면 "안 되면 딴 거 하지 뭐"라고 생각할 법도 하지만, 당시의 저는 오로지 앞만 보고 달리는 경주마였습니다. 뒤로 물러선다는 선택지 자체가 없었습니다.

공포를 연료로 태우다

친구들의 SNS에 올라오는 벚꽃 놀이 사진을 보며 저는 독서실 책상에 머리를 박았습니다. 부러움과 불안감이 밀려왔지만, 그 감정을 곱씹을 새도 없이 다시 책을 펴야 했습니다.

이 시기 저를 움직인 건 희망이 아니라 공포였습니다. 여기서 떨어지면 나는 아무것도 아니다, 이 지옥 같은 수험 생활을 1년 더 해야 한다면, 차라리 죽는 게 낫다고요.

대학 입학 후 잠잠했던 아토피가 다시 온몸을 덮쳤습니다. 가려움에 잠을 설쳤고, 하루하루를 전쟁 치르듯 보냈습니다. 매일 죽고 싶다는 생각을 하며 잠들었죠. 하지만 정말로 죽을 용기까지는 없었기에, 결국 제겐 죽을힘을 다해 공부한다는 선택지밖에 없었습니다.

1차 시험 직전, 저는 부모님께 "1차 시험 끝나자마자 2차 공부를 해야 하니, 신림동에 방을 잡아달라"라고 말했습니다. 1차 합격 여부도 모르는 상태에서 김칫국부터 마시는 격이었죠. 어머니도 걱정이 되셨는지 조심스레 물으셨습니다.

"지원아, 만약 1차 떨어지면 어떡해?"

저는 어머니의 눈을 똑바로 쳐다보고 말했습니다.

"떨어지면 죽어버릴 거야."

불합격한 제 모습을 상상하는 것조차 끔찍한 고통이었기에, 제 뇌는 '실패'라는 시나리오를 아예 삭제해버린 것입니다. 오직 합격, 그 하나만을 위해 제 모든 걸 불태웠습니다.

터널 시야의 함정

결과적으로 저는 운 좋게도 1년 4개월 만에 1, 2차를 동차 합격하는 기적을 이뤘습니다. 합격 소식을 들은 날, 저는 당연하게도 펑펑 울었습니다. 물론 기쁨의 의미도 없지 않았지만, 보다 큰 이유는 안도였습니다. 다시 그 지옥으로 돌아가지 않아도 된다는 안도감 말입니다.

당시의 제 마음가짐은 양날의 검이었습니다.

긍정적인 면은, 퇴로를 차단한 절박함이 초인적인 집중력을 만들어냈다는 점입니다. '죽기 아니면 까무러치기'라는 태도가 없었다면, 그 방대한 양을 단기간에 소화하지 못했을 것입니다.

하지만 부정적인 면도 명확합니다. 저는 '터널 시야'에 갇혀 있었습니다. 터널 안에서는 오직 출구의 빛만 보이고 주변은 암흑천지입니다. 시야가 극도로 좁아져서, '이 시험에 떨어지면 내 인생은 끝'이라는 극단적인 사고에 사로잡히고 만 것이죠.

그때 제가 떨어졌더라도 정말 죽지는 않았겠죠. 며칠 식음을 전폐하고 울다가, 다시 공부하든 취직하든 다른 길을 찾았을 겁니다. 세상에 죽으라는 법은 없으니까요.

그리고 이번에도 역시 사법시험에 합격하고 변호사가 되었지만, 그것이 제 인생의 모든 문제를 해결해주지는 않았습니다. 오히려 또 다른 고민과 고통이 시작되었죠. 저에게 시험 합격은 그 자체로 목적지였으나, 실제로는 더 높은 관문을 위한 입장권에 불과했으니까요.

목숨을 걸기엔 인생이 길다

혹시 지금 인생을 건 중요한 시험이나 프로젝트를 앞두고 있다면, "이거 아니면 안 돼"라는 간절함은 훌륭한 동력이 되어줍니다. 그 간절함으로 최선을 다해 달려보면 좋겠습니다.

하지만 동시에 마음 한구석에는 비상구를 열어두시기를 권하고 싶습니다. "최선을 다하겠지만, 설령 안 되더라도 내 인생이 망하는 건 아니다", "이건 내 인생의 수많은 관문 중 하나일 뿐이다."

이런 여유가 역설적으로 긴장을 풀어주고, 더 좋은 결과를 부르기도 합니다. 너무 강한 활시위는 끊어지기 마련이니까요.

저는 20대의 청춘을 판돈 삼아 운 좋게 합격이라는 타이틀을 거머쥐는 데 성공했지만, 그 과정에서 지불해야 했던 비용은 결코 가볍지 않았습니다. 그 이후로 심신의 건강을 회복하는 데에는 꽤 오랜 시간과 노력이 필요했습니다.

그러니 목표를 향해 질주하되, 자신을 벼랑 끝까지 몰 필요는 없습니다. 우리가 지켜내야 할 것은 한순간의 결과가 아니라, 계속 이어지는 우리의 인생이니까요. 간절한 목표가 있다면 모든 걸 걸고 도전해보되, 언제나 마음 한켠에 열어둔 비상구를 잊지는 말아야겠습니다.

사법시험에 합격하고 변호사가 되었지만,

그것이 제 인생의 모든 문제를 해결해주지는 않았습니다.

오히려 또 다른 고민과 고통의 시작이었죠.

성공, 행복, 자아실현…

인생에서 우리가 보편적으로 추구하는 진짜 가치들은,

단순히 명문대 입학이나 시험 합격을 비롯한

평면적인 성취만으로 거저 주어지지 않습니다.

2장.

합격의 회로:

재능을
이기는
공부의
설계

I

공부 잘한다는 말의
진짜 의미

똑똑한 머리와 공부 머리는 다르다

이쯤 글을 읽으셨다면, 그래서 그토록 하기 싫었던 공부를 어떻게 해냈는지 궁금하실지도 모르겠습니다. 그러니 잠시 샛길로 들어 제가 원하는 성취를 이룰 수 있게 도와준 공부법에 관해 한번 이야기해볼까 합니다.

흔히들 한국 사회가 학벌 경쟁에 유달리 목을 맨다고 말하지만, 시야를 넓혀 전 세계를 둘러봐도 상황은 크게 다르지 않아 보입니다. 공부란 새로운 지식과 지혜를 습득하는 가장 보편적인 방법이고, 이 과정이 인간의 발전과 성장의 밑거름이 됨은 변함이 없기 때문입니다. 그래서 '공부 잘한다'는 것. 이는 비단 학생뿐만 아니라 성인 중에서도 많은 사람이 이루고 싶어 하는 염원입니다.

그런데 공부를 잘한다는 건 정확히 어떤 개념일까요. 머리가 좋다, 똑똑하다, 아는 것이 많다, 그리고 공부를 잘한다… 얼핏 비슷해 보이는 이 말들은 자세히 들여다보면 그 결이 상당히 다릅니다.

'머리가 좋다'는 가장 좁은 의미에서 두뇌 회전, 즉 연산 속도가 빠르다는 뜻에 가깝습니다. '똑똑하다'는 이 좋은 머리에 상황을 파악하는 판단력이나 삶의 지혜가 더해진 개념일 테고요. '아는 것이 많다'는 말 그대로 축적된 지식의 양이 방대하다는 뜻이겠죠.

이런 개념들과 비교했을 때, '공부 잘한다'에는 분명 후천적인 요소가 짙게 깔려 있습니다. 타고난 지능을 넘어 '얼마나 효율적으로 지식을 습득하고 내 것으로 만드는가'라는, 기술적인 잣대도 필요하기 때문입니다. 즉, 공부를 잘한다는 건 선천적 요소와 후천적 노력이 뒤섞인 복합적 개념입니다. 이 개념을 단칼에 정의하기 어려운 이유는 아마 이런 까닭이지 싶습니다.

실제로 영어권에서도 '공부 잘한다'와 정확히 일치하는 단어를 찾기가 쉽지 않습니다. 똑똑하다(smart), 성실하다(hard-working), 혹은 결과적으로 좋은 성적을 받다(get good grades) 정도로 표현할 수 있겠죠. 이를 보면 공부를 잘한다는 것은 타고난 재능과 치열한 노력, 과정과 결과 그 사이 어딘가에 위치한, 생각보다 모호하고도 오묘한 영역으로 보입니다.

1등은 재능의 영역, 합격은 노력의 영역

그래서인지 '공부는 유전인가, 노력인가' 하는 해묵은 논쟁은 언제나 현재진행형입니다. 여기서 제가 감히 "공부는 100% 유전입니다!"라거나 "노력하면 못 할 게 없습니다!"라고 단정 지을 수는 없습니다. 하지만 제 경험을 빌려 확실하게 말씀드릴 수 있는 부분은 있습니다.

"의지를 가지고 충분한 노력을 기울인다면, 누구나 '어느 정도'까지는 성취할 수 있다."

물론 저마다의 한계선은 분명히 존재합니다. 비단 공부뿐 아니라 모든 분야가 그렇듯 말입니다. 예컨대 저는 타고난 몸치입니다. 제가 지금부터 남은 모든 인생을 춤에 바치더라도 '월클' 댄서는 될 수 없을 겁니다. 하지만 꾸준히 연습한다면 동네 댄스 학원에서 강습할 정도는 되지 않을까요.

공부라고 댄스와 크게 다르지 않을 겁니다. 저만 해도 학창 시절 수학에는 영 소질이 없었습니다. 하지만 꾸역꾸역 시간을 쏟아붓고 노력한 결과, 대학 입시에 문제가 없을 정도의 성적은 받았습니다. 그런 제가 여태 평생 수학에 전념했더라도 썩 괜찮은 수학자가 될 수는 없었을 것 같습니다.

　결국 성과란 재능과 노력의 아웃풋이고, 이는 어떤 분야에나 적용되는 보편타당한 이치이며, 공부 또한 예외가 아닐 겁니다. 하지만 아무렴 어떻습니까. 대개의 경우 공부 자체가 목표가 되는 경우는 많지 않습니다. 우리는 대개 원하는 목표를 이루기 위해 공부합니다. 그리고 통상적인 목표 수준이라면 '주어진 재능'이 다소 모자라더라도 '내가 투입하는 노력'으로 간극을 메울 수 있지 않은가 합니다.

노력은 의지가 아닌 설계의 영역

　뜬구름 잡는 소리는 이쯤 하고, 그렇다면 우리가 가진 재능 안에서 최대한 공부를 잘하기 위한 방법은 무엇일까요? 한 단어로 요약하자면 결국 노력입니다.

　뻔한 노력론을 이야기하려는 건 아닙니다. 보통 노력은 의지의 문제로 여겨집니다. 그리고 지극히 타당한 이야기이고요. 매일 수학 문제를 10개씩 푸는 학생과 100개씩 푸는 학생의 차이는 노력의 차이, 즉 의지의 차이로 보입니다. 하지만 질문을 조금 더 깊게 파고들어야 합니다.

　"100개씩 푸는 학생은 어떻게 그렇게나 많이 풀 수 있을까?"

　단순히 의지가 강해서일까요? 아마 아니지 않을까요. 그걸

해낼 수 있는 학생에게는 나름의 이유가 있을 겁니다. 수학이 게임처럼 재미있어서, 혹은 타고난 집중력이 좋기 때문일 수도 있습니다. 100개를 풀면 엄마가 게임기를 사주기로 했거나, 성적이 떨어져서 무시당하기 싫었다거나, 확고한 목표가 있었기 때문일 수도 있죠. 방향성을 떠나 어떤 강력한 동기가 노력을 뒷받침하고 있을 가능성이 큽니다.

그러니 노력을 단순히 '의지를 불태워라'는 식의 정신론으로 접근하면 실패하기 쉽습니다. 먼먼 과거, 수렵 및 채집 시절부터 있어 온 인간의 본능이 책상에 가만히 앉아 수학 문제를 100개씩 푸는 방향으로 진화하지는 않았을 테니까요.

저 역시 사소한 노력의 지속이 생각보다 훨씬 어렵다는 걸 매일 실감합니다. 아이들에게 화내지 않기, 시도 때도 없이 SNS 켜지 않기, 밤 10시 이후 야식 참기, 매일 신문 읽기… 마음만 먹으면 별거 아닌 일들 같지만, 막상 이를 꾸준히 실천하기란 고행입니다. 나름 산전수전 다 겪은 어른인데도 말입니다.

물론 이 지점에서도 타고난 기질 차이는 존재하겠죠. 태생적으로 위가 작아 밤에 식욕이 없는 사람이나, 온라인 소통에 흥미가 없어 SNS를 쳐다보지도 않는 사람에게 저의 과업은 숨 쉬듯 쉬운 일상일 겁니다. 반대로 술을 즐기지 않는 저에게는 누군가의 숙원인 금주가 너무 쉽고, 쇼핑 욕구가 없어 절약에도 별다른 노력이 필요 없듯 말입니다.

하지만 이런 선천적인 차이를 논하며 부러워하거나 좌절할 필요는 없겠습니다. 공부에 필요한 두뇌, 적성, 성취욕, 집중력, 끈기… 무엇이든 타고난 역량은 상수, 즉 기본값으로 받아들이는 편이 현실적으로 낫습니다. 누구나 약점은 있기 마련이니까요. 자신의 강점은 살리되 약점은 "아, 내가 이 부분은 좀 약하구나" 하고 인정하는 거죠.

정말 중요한 건 변수입니다. 저는 공부, 더 나아가 인생을 움직이는 힘 중에서 우리가 의식적으로 통제하고 변화시킬 수 있는 영역에 주목하려 합니다.

의지로 본능을 이길 수는 없습니다. 하지만 동기를 설계할 수는 있습니다. 이것이 바로 공부 잘하는 사람들의 첫 번째 비밀입니다.

Ⅱ
동기가
공부를 결정한다

본능을 이기는 유일한 힘, 간절함

앞서 노력이 중요하다고 했지만, 사실 공부의 성패를 가르는 결정적 요인은 재능도 노력도 아닌, 바로 '동기'입니다. 본능을 거스르고 딱딱한 책상 앞에 앉아 며칠, 몇 주, 때로는 몇 년씩 새로운 내용을 머리에 새기는 과정을 견디는 힘. 그 힘에는 간절한 동기가 필요합니다.

물론 그 동기가 순수한 학문적 호기심이나 흥미라면 가장 좋겠지만, 꼭 그래야만 할 필요는 없습니다. 아주 현실적이고 단순한 동기도 괜찮습니다.

초등학교 때 늘 1등만 하던 친구가 있었습니다. 그 친구는 공부보다 인형을 더 좋아했는데, 부모님이 1등을 할 때마다 인형을 사주신지라 죽어라 공부했다고 합니다. 세 살배기 저희 둘째만 해도 "칭찬 도장 10개를 모으면 장난감을 사준다"라는 말에 떼를 덜 쓰고 스스로 신발을 신습니다.

이처럼 자발적 동기든 외부적 유인이든, 우리를 책상 앞에 앉히는 것은 '채찍'보다 '당근'입니다. 1등을 하고 싶어서, 좋은 대학에 가고 싶어서, 전문직이 되고 싶어서 같은 실용적인 목표부터, 궁극적으로는 성공하고 싶어서, 행복해지고 싶어서 같은 추상적인 목표까지. 이 목표에 대한 신념과 갈망이 확고할수록 동기부여가 잘 된 상태라고 볼 수 있습니다.

문제는 지속성입니다. 성공적이고 행복한 삶은 인간이라면 누구나 바라는 보편적인 욕구일 것입니다. 하지만 그 고지로 향하는 길이 너무나 멀고 험난하기에, 초반의 열정을 지속하기란 누구에게도 쉬운 일이 아니죠.

대신 한 가지 상상을 해봅시다. 당장 내일 시험을 보는데, 만점을 맞으면 상금으로 1억 원을 준다고요. 아마 어느 누구라도 이를 악물고 밤을 지새우지 않을까요? 오늘 하루 죽도록 공부해서 내일 당장 1억 원을 받을 수 있다면, 그 어떤 유혹도 우리를 쉽게 흔들지 못할 것입니다. 이런 마음가짐을 매일 유지할 수만 있다면 서울대 입학은 물론이고 못 이룰 성취가 없을 것만 같습니다.

하지만 오늘 공부한다고 내일 당장 1억 원이 통장에 꽂히는 일은 없으니, 성취를 이루기가 쉽지 않은 거겠죠.

오늘과 미래 사이의 시차 지우기

'내일 당장의 1억 원'이라는 구체적인 목표를 위해 하루를 불사르는 건 꽤 할 만해 보입니다. 하지만 '먼 미래의 성공'이라는 막연한 목표를 위해 수년간 꾸준히 노력을 기울이는 건 차원이 다른 문제입니다. 생각만 해도 아득하고 막막합니다.

우리가 바라는 인생의 성공이란 대개 형태가 모호합니다. 행복, 자유, 안정… 누군가는 '100억 원 벌기'처럼 구체적인 목표를 세우기도 하지만, 그 돈이 필요한 이유를 파고들면 결국 행복이나 자유 같은 모호한 가치로 귀결됩니다. 설령 의사나 변호사 같은 특정 직업이 목표라 하더라도, 당장 영어 단어 하나를 더 외우는 게 그 꿈과 어떻게 연결되는지 피부로 바로 와닿지는 않습니다. 오늘 하루 게으름을 피운다고 해서 당장 꿈이 무너지는 것도 아니고요.

그러나 이 지점에서 승부가 갈립니다. '오늘의 노력'과 '미래의 목표' 사이에는 아주 밀접한 인과관계가 있습니다. 누구나 머리로만 어렴풋이 아는 이 사실을 매 순간 상기하는 것. 이것이 동기부여의 핵심이자 어쩌면 전부일 지도 모릅니다.

단언컨대 대입이든 고시든 외국어든, 하루아침에 끝나는 공부는 세상에 없습니다. 수개월, 수년간의 총공부량은 결국 하루하루, 1시간, 1분 1초의 총합입니다. 오늘 하루, 지금 이 순간의 공부가 나의 꿈과 직결되어 있다는 명확한 사실을 마음에 새겨야 합니다.

다시 강조하지만, 장시간 한자리에 앉아 공부하는 건 인간의 본능을 거스르는 행위입니다. 아무리 굳게 다짐해도 스마트폰을 보고 싶고, 눕고 싶고, 딴생각이 나는 건 지극히 정상입니다. 이 본능을 이겨내려면 '지금 이 순간의 집중이 합격과 직결된다'는 확신이 있어야 합니다.

"한 글자 더 보면 하루라도 더 빨리 꿈을 이룰 수 있다."

"오늘 하루를 어떻게 보내느냐에 따라 합불이 좌우된다."

과장처럼 들릴 수도 있지만, 이것이야말로 지난한 수험 생활을 버티는 유일한 비법입니다. 오늘의 노력은 '내일 받을 1억 원'과 직결되어 있습니다. 단지 보상을 받는 시점에 '시간차'가 존재해서 그 인과관계가 흐릿해 보일 뿐입니다. 그 하루가 없이는 합격이라는 결과도 존재할 수 없습니다.

저는 이 사실을 뇌에 각인시키기 위해 온갖 방법을 동원했습니다. 마음에 와닿는 문구를 책상 잘 보이는 곳에 붙여두거나,

스톱워치로 공부 시간을 재며 스스로를 압박하고, 집중력이 떨어질 때마다 합격했을 때의 제 모습을 구체적으로 상상했습니다. '지금 이 1분이 쌓여 내 미래가 된다'는 사실을 끊임없이 주입한 것입니다.

자책할 시간에 책 한 글자 더 보는 법

물론 말은 쉽습니다. 이 모든 것을 알면서도 매일 실천하기란 불가능에 가깝습니다. 공부하다 보면 지치고, 불안하고, 머리가 아파지는 건 누구나 마찬가지입니다. 정도의 차이가 있을 뿐, 단 하루도 실패하지 않고 100%의 집중력을 발휘해 공부할 수 있는 사람은 세상에 없겠죠. 여기서 정말 중요한 포인트가 하나 더 있습니다. 계획이 틀어졌을 때, 절대 자책하지 않는 것입니다.

누구에게나 느슨해지고 또 포기하고 싶은 순간이 옵니다. 며칠, 심지어 몇 주를 허송세월했다고 해서 당장 시험에 떨어지진 않습니다. 앞서 "지금 이 순간의 공부가 합격에 직결된다"고 해놓고, 이제 와서 "며칠 날려도 괜찮다"라니 모순처럼 들릴지 모릅니다. 하지만 두 명제는 모두 엄연한 사실입니다.

이미 흘려보낸 시간은 되돌릴 수 없습니다. 자책하며 괴로워해 봤자 날린 시간이 돌아오지 않습니다. 오히려 후회와 자책이라는 부정적 감정에 휩싸여 오늘 공부까지 망칠 확률이 높습니다. 현실적으로 가장 필요한 행동은, 지금이라도 정신을 차리고 다시 책을 펴는 것뿐입니다.

설령 최선을 다하지 못한 날이 있어 후회가 밀려오더라도, 잘못을 곱씹느라 에너지를 낭비하지 마세요. 충분히 반성하되, 감정에 매몰되지 말고 묵묵히 다시 한 발짝 나아가면 됩니다.

동기란 결코 무너지지 않는 강철의 성벽이라기보다는, 무너질 때마다 끊임없이 다시 세워야 하는 모래성에 가깝습니다. 중요한 건 무너지지 않는 것이 아니라, 무너졌을 때 얼마나 빨리 다시 '인과관계의 회로'를 복구할 수 있는가입니다.

III

공부의 핵심은 진도가 아니라 '뇌새김'

기반 공사 없이는 마천루를 올릴 수 없다

동기는 의지를 낳고, 의지는 노력으로 이어집니다. 여기에 요령, 즉 기술이 더해지면 같은 에너지를 쓰고도 폭발적인 효율을 낼 수 있습니다. 세상에는 무수한 공부법이 존재하고 사람마다 성향도 다르지만, 어떤 분야의 공부든 통용되는 불변의 법칙은 존재합니다. 바로 '기본에 충실하라'는 원칙입니다.

시간에 쫓기는 수험생들은 종종 마음이 급해져서 기본 개념을 건너뛰고 무작정 문제 풀이에 뛰어들거나, 이해되지 않는 내용을 통째로 외워버리려 합니다. 하지만 이는 모래 위에 성을 쌓는 것과 같습니다. 기반 작업을 제대로 해두지 않으면 건물을

1부. 외적 동기의 소진

높이 올릴 수 없듯, 공부 역시 기본 개념을 탄탄히 다지지 않으면 지식을 체계적으로 쌓아 올릴 수 없습니다.

당장은 발췌독을 하거나 기출문제만 파는 방식이 빨라 보일 수 있습니다. 하지만 공부의 양이 방대해지고 내용이 심화될수록 개념이 약하면 반드시 무너집니다. 반면 기본 개념이 탄탄하면 복잡하고 어려운 응용 개념이 나와도 흔들림 없이 기존 지식과 연결하여 체계를 확장할 수 있습니다.

시험에 나오지도 않을 지엽적인 내용까지 보라는 뜻이 아닙니다. 각 장의 굵직한 개념, 그 학문의 원리와 체계만큼은 시간을 들여서라도 확실하게 이해할 필요가 있다는 말입니다. 까만 것은 글씨요 흰 것은 종이일 뿐인 난해한 내용을 내 것으로 만드는 과정. 이 지루하고 고통스러운 '이해의 시간'을 견뎌내는 것이야말로 가장 빠른 공부의 지름길입니다.

잠은 게으름이 아니라 전략이다

어려운 내용일수록 뇌에 과부하가 걸립니다. 이때 필요한 것은 의지력이 아니라 '맑은 정신'입니다. 많은 수험생이 공부 시간을 확보하겠다는 일념으로 잠을 줄인다고 알고 있습니다만, 저는 공부 때문에 수면 시간을 줄인 적은 단언컨대 단 한 번도 없습니다.

졸음을 참아가며 흐린 정신으로 책상에 앉아 있는 3시간보다, 푹 자고 일어나 맑은 정신으로 집중하는 1시간의 효율이 압도적으로 높습니다. 감기는 눈을 억지로 떠가며 책상에 앉아 있어봐야 실제로 머리에 남는 것은 거의 없습니다. 커피를 마셔 억지로 뇌를 깨우는 것보다 양질의 수면을 통해 뇌가 정보를 흡수할 최상의 상태를 만들어주는 것이 훨씬 현명한 전략입니다.

밑 빠진 독을 막는 유일한 방법, N회독

최상의 컨디션으로 내용을 완벽하게 이해했다면 성공적인 시작입니다. 하지만 문제는 그다음입니다. 인간의 기억은 생각보다 훨씬 더 쉽게, 그리고 빠르게 휘발합니다.

한 번 읽으면 사진처럼 다 기억에 남는 것 아니냐는 혹자의 기대와 달리, 저는 지극히 평범한 기억력을 가지고 있습니다. 불과 몇 달 전에 수행한 사건의 사실관계가 가물거리고, 몇 년 지나면 그 사건을 했다는 것조차 까먹으며, 오래 전에 본 영화는 내용을 까맣게 잊어 처음 보는 기분이 들기도 합니다. 다행히 이런 망각은 저만의 문제가 아니라는 연구 결과가 있습니다. 독일의 심리학자 에빙하우스의 망각곡선 이론에 따르면, 학습 후 10분 후부터 망각이 시작되어 하루만 지나도 배운 내용의 70% 이상이 날아간다고 합니다.

이 이론에 비춰 보면 아무리 오늘 죽도록 공부해서 완벽히 이해했더라도, 복습하지 않고 방치하면 한 달 뒤 내 머릿속에는 아무것도 남지 않는다는 뜻입니다. 그 내용을 다시 익히려면 처음부터 똑같은 시간을 들여 다시 공부해야 합니다. 이 얼마나 큰 낭비입니까.

다행히 이런 망각을 막는 방법이 있다고 합니다. 단순하면서도 명확한 방법인데요, 적정 주기의 반복을 통해 단기 기억을 장기 기억으로 저장할 수 있다고 합니다. 어제 공부한 내용을 오늘 다시 보고, 3일 뒤에 보고, 일주일 뒤에 보고, 한 달 뒤에 다시 보는 식으로 뇌에 끊임없이 신호를 보내야 한답니다. 최소한 네다섯 번은 반복해야 뇌가 "아, 이건 중요한 정보구나"라고 인식하고 장기 기억 저장소에 새겨넣는다고 하죠.

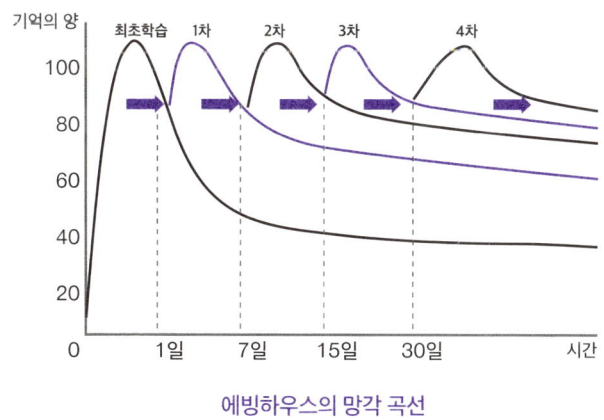

에빙하우스의 망각 곡선

많은 수험생이 진도 나가는 것에만 급급해 복습을 소홀히 합니다. 하지만 앞만 보고 달리면 뒤따라오던 지식은 다 증발해버립니다. 매일 새로운 진도를 조금 덜 나가더라도, 반드시 일정 시간을 할애해 복습해야 합니다.

저에게 강의를 듣거나 책을 한 번 읽은 것은 공부를 '시작'하는 단계에 불과합니다. 어제 학습한 지식을 다시 복습하고 그 지식을 내 뇌에 확실히 새겨넣은 상태, 즉 '뇌새김'까지 마쳐야 온전히 공부했다고 부를 수 있겠습니다.

문제 풀이는 점수 확인용이 아니다

기본 개념을 다지고 뇌새김까지 마쳤다면, 이제 실전 감각을 익힐 차례입니다. 수험 공부라면 기출문제를, 어학 공부라면 실제 말하기와 쓰기를 해봐야겠죠.

항상 내가 왜 문제를 푸는지 그 목적을 상기해야 합니다. 많은 사람이 문제를 풀고 채점한 뒤 점수에 일희일비하고 끝냅니다. 하지만 문제 풀이의 진짜 목적은 내 지식의 빈틈을 찾는 것입니다. 내가 아는 것과 안다고 착각하는 것을 구분하고, 응용력을 기르는 과정입니다.

문제를 풀었다는 사실 자체에 만족해서는 안 됩니다. 맞은 문제는 왜 맞았는지, 틀린 문제는 어떤 사고 과정에서 오류가 있었는지 철저하게 분석해야 합니다. 오답 노트는 틀린 문제를 기록하는 게 아니라, 나의 사고 회로를 정답의 회로로 교정하는 작업입니다.

물론 이 모든 기술과 요령은 충분한 '동기'라는 엔진이 돌아갈 때만 유효합니다. 공부의 기술 그 자체가 우리를 꿈으로 데려다주지는 않습니다. 하지만 진정으로 원하는 목표를 향해 달릴 준비가 되었다면, 이 기술들은 그 길을 훨씬 수월하고 빠르게 만들어주는 강력한 무기가 되어줄 것입니다.

공부의 성패를 가르는 결정적 요인은

재능도 노력도 아닌, 바로 '동기'입니다.

본능을 거스르고 딱딱한 책상 앞에 앉아

며칠, 몇 주, 때로는 몇 년씩

새로운 내용을 머리에 새기는 과정을 견디는 힘.

그 힘에는 '간절한 동기'가 필요합니다.

동기란 결코 무너지지 않는 강철의 성벽이라기보다는,

무너질 때마다 끊임없이 다시 세워야 하는 모래성에 가깝습니다.

중요한 건 무너지지 않는 것이 아니라,

무너졌을 때 얼마나 빨리

다시 '인과관계의 회로'를 복구하느냐 하는 것입니다.

3장.

시간의 밀도:

24시간을
48시간처럼
쓰는 법

I

시간을 지배하는 자가
결과를 지배한다

시간은 공평하지 않다, 밀도가 다르기 때문

잠도 충분히 자야 하고, 기본 개념도 숙지해야 하고, 거기에 복습까지 해야 한다면 결국 시간이 부족해집니다. 흔히들 시간 만큼은 누구에게나 공평하다고 합니다. 하루는 24시간이고, 제 아무리 부자라도 하루를 48시간으로 늘릴 수는 없으니까요.

원론적으로 사실입니다. 그런 동시에 저는 이 말에 반만 동의 하는 편입니다. 물리적인 시간의 총량은 공평할지라도, 그 시간 의 밀도는 사람마다 천차만별이기 때문입니다. 대수롭지 않게 흘려보내는 1시간과, 분초 단위로 쪼개어 쓰는 1시간의 가치는 같을 수 없지 않겠습니까.

저는 시간 배분을 가능한 미리 설계해두려 합니다. 무작정 책상에 앉기보다, 먼저 구체적인 타임테이블을 짜면 훨씬 효율적으로 시간을 쓸 수 있으니까요.

하루 중 집중력이 최고조인 골든 타임에는 가장 고난도의, 사고력을 요하는 공부를 배치합니다. 맑은 정신으로 풀어야 하는 수학 문제나 복잡한 법리 해석 같은 것들이었죠. 반면, 단순 암기나 기계적인 문제 풀이처럼 뇌의 부하가 작은 공부는 과감하게 자투리 시간으로 미뤘습니다.

비결은 단순합니다. 시간을 쪼개고 또 쪼개서 쓰는 것입니다. 혼자 밥을 먹으면서 영단어를 외우고, 샤워하면서 코팅해둔 법조문 페이지를 읽었습니다. 걷거나 대중교통을 타면서 오늘 공부한 내용을 머릿속으로 복기하거나 내일의 계획을 떠올렸고요. 이 버려지기 쉬운 자투리 시간을 가능한 모두 생산적으로 쓰려고 애썼습니다.

"그래도 그렇지, 그렇게까지 숨 막히게 살아야 하나?"라는 생각이 드실 수도 있습니다. 하지만 해야 하는 일은 명확히 정해져 있고, 시간의 총량이 정해져 있는 이상, 남들보다 앞서가기 위해서는 시간의 밀도를 높이는 방법밖에 없습니다. 다행인 것은, 이 습관이 한 번 몸에 배면 비단 공부뿐 아니라 삶의 전반을 효율적으로 운용하는 강력한 무기가 된다는 사실입니다.

쉬는 것도 전략이다, 어영부영의 함정

공부할 때 효율성을 찾는 것만큼이나, 휴식 시간의 효율성도 살펴야 합니다. 많은 사람이 범하는 가장 큰 실수는 공부하는 것도 아니고 쉬는 것도 아닌, 이도 저도 아닌 상태로 시간을 흘려보내는 것입니다.

공부하다 말고 친구와 의미 없는 메시지를 주고받거나, 집중이 안 된다며 괜히 인터넷 서핑을 하는 시간, 혹은 쉰다고 누워 있으면서도 머릿속으로는 해야 할 과제 걱정에 전전긍긍하는 시간… 저는 이런 시간을 '죽은 시간'이라고 부릅니다. 이 어영부영 보내는 시간이야말로 효율의 측면에서 본다면 가장 큰 낭비일 것입니다.

효율적인 시간 관리를 위해서는 스위치를 명확히 해야 합니다. 공부할 때는 세상과 단절된 것처럼 몰입하고, 쉴 때는 다른 생각의 버튼을 모두 끈 채로 확실하게 쉬어야 합니다.

자신에게 맞는 휴식법을 찾는 것도 중요합니다. 휴식의 정의는 사람마다 다릅니다. 누군가에게는 멍하니 걷는 산책이 휴식이지만, 누군가에게는 격렬한 운동이 휴식일 수 있습니다. 반대로 누군가는 사람들을 만나 수다를 떨어야 에너지가 충전되지만, 저는 사람 만나는 것이 즐거운 것과는 별개로 한바탕 수다를 떨고 나면 체력이 방전되어 버립니다.

저에게 있어 최고의 휴식은 모든 일과를 끝낸 뒤, 침대에 누워 좋아하는 예능 유튜브를 보다가 잠드는 것입니다. 느긋하게 샤워하거나 쇼핑하는 것은 제게 휴식이 아닙니다. 오히려 저는 샤워를 최대한 빨리 끝내고, 밥 먹으면서도 멀티태스킹으로 업무를 처리하여 완벽한 휴식 시간을 확보하려 애씁니다. 그렇게 확보한 시간에 침대에 누워야만 비로소 '아, 이제 쉰다'는 감각이 와닿기 때문입니다.

휴식마저 계획하라는 말이 삭막하게 들릴지 모릅니다. 하지만 하루를 30시간처럼 쓰는 사람들의 비밀은 결국 이 시간의 테트리스 실력에 있습니다. 일과 휴식의 시간을 명확하게 구분하고 빈틈없이 배치하여, 버려지는 틈을 최소한으로 줄이는 것. 그것이 시간 관리의 핵심입니다.

유일한 역전 무기를 어떻게 쓸 것인가

"저렇게 어떻게 살아?", "숨 막히지 않아?" 1분 1초를 쪼개 살아야 한다는 제 말에 고개를 저으실 수도 있습니다.

하지만 현실을 직시해봅시다. 우리는 저마다 다른 배경을 가지고 태어납니다. 누군가는 부유한 집안에서, 누군가는 뛰어난 외모나 천재적인 재능을 가지고 태어납니다. 인생이란 애당초에 시작점이 불공평한 게임에 가깝습니다.

이런 세상에서 신이 인간에게 허락한 유일하게 공평한 자원이 바로 시간입니다. 제아무리 재벌 회장이라도 하루는 24시간이고, 아무리 가진 것 없는 사람에게도 하루는 24시간입니다.

주어진 환경을 탓해봐야 바뀌는 건 없습니다. 하지만 시간을 지배하는 사람은 그 환경을 뛰어넘을 수 있습니다. 누구에게나 시간 활용 방식에 따라, 가진 것 없는 상황을 역전시키고 무한한 경쟁력을 얻을 잠재력이 있습니다. 시간의 밀도를 높이는 것. 그것이야말로 평범한 우리가 비범한 성취를 이룰 수 있는 유일하고도 확실한 방법이지 않겠습니까.

II

감정과 사실을
분리하라

가장 가혹한 전쟁, 자신과의 싸움

많은 성취가 으레 그렇듯, 공부는 결국 '자신과의 싸움'으로 귀결됩니다. 함께 공부하는 친구도 있고, 앞에서 끌어주는 선생님도 있지만, 결국 시험장에 들어가 문제를 마주히는 것은 오직 나 홀로입니다. 합격선을 넘기 위한 지식을 머리에 넣는 것도, 딴생각을 쳐내고 책상 앞에 앉아 있는 것도, 오롯이 나 자신이 감당해야 할 몫입니다.

성인이 되어 사회에 나오면 의외로 자신과 싸울 일보다는 남과 싸울 일이 더 많아집니다. 회사에서 무리한 요구를 하는 고객이나 상사와의 갈등을 해결해야 하고, 연인이나 가족 관계에서도 끊임없이 부딪칩니다. 물론 타인과의 갈등도 피곤하고 힘듭니다. 하지만 이 갈등에는 적어도 나에게 위안을 주는 확실한 구석이 하나 있습니다. 바로 원인이 나의 내부가 아닌 외부에 있다는 점입니다.

소위 '남 탓'을 할 수 있다는 얘기입니다. 적어도 갈등 상황 직후에는 "저 사람이 이상해", "상황이 안 좋았어"라며 핑계를 댈 곳이 있습니다. 시간이 지나 감정이 가라앉고 나면 내 잘못도 보이기 시작하지만, 적어도 가장 괴로운 순간에는 문제의 원인을 나로 돌리지 않을 쿠션이 되어줍니다.

하지만 자신과의 싸움은 다릅니다. 여기에는 핑계 댈 곳도, 탓할 대상도 없습니다. 결과가 좋지 않을 때면 마음이 가라앉기도 전에 '이건 오로지 내 부족함 때문이야'라는 사실을 적나라하게 직시해야 합니다.

순수하게 8시간 공부하기로 했는데 못 지켰든, 게임을 하지 않겠다고 다짐하고는 밤을 새웠든, 다이어트를 결심하고서 폭식을 했든, 실패의 원인은 다른 곳에 있지 않습니다. 빠져나갈 구멍이 없습니다. 그래서 적어도 저에게는 자신과의 싸움에서 패배했을 때 오는 타격감이 너무도 큽니다. '나는 이것밖에 안 되는 사람인가' 하는 자기 효능감의 추락. 이 심리적 낙상은 제 멘탈을 가장 빠르고 확실하게 무너뜨립니다.

감정과 사실을 분리하는 손절의 기술

저는 심리적으로 불편한 상황이 오면 본능적으로 방어기제가 작동해 원인을 외부에서 찾으려 하는 편입니다. 그런 저에게 탓할 곳이 '나'밖에 없는 수험 생활은 지나칠 만큼 가혹하게 다가왔습니다.

자책감이 밀려올 때, 저는 의식적으로 상황과 감정을 분리하는 연습을 합니다. 이것이 멘탈 관리의 핵심 기술입니다.

나 자신과의 약속을 지키지 못한 상황, 즉 딴짓을 하거나 유혹에 굴복한 상황 자체는 객관적인 사실입니다. 이것은 인정해야 합니다. 하지만 그로 인해 파생되는 "나는 구제 불능이야", "난 자격이 없어", "내가 너무 싫다" 같은 부정적인 감정은 사실이 아닙니다. 그것은 내 마음이 만들어낸 해석일 뿐이며, 문제 해결에 하등 도움이 되지 않는 부산물입니다.

물론 타인과의 싸움 역시 시간이 지나며 상황을 더 냉정하게 바라볼 수 있게 됨에 따라 "생각해보니 내 잘못도 있었네"하는 객관화가 이뤄집니다. 하지만 시간이 꽤 지난 만큼 크게 자책하게 되지는 않는데요, 저는 나와의 싸움도 이러해야 한다고 생각합니다. "네 잘못이야!"가 아니라 "그래, 내 잘못이야"라고 인정은 하되, 감정 역시 그 선에서 정지해야 합니다. "내 잘못이니까 나는 최악의 인간이야"로 넘어가서는 안 되고, 그럴 필요도 없습니다.

합리화일지도 모르지만, 지나고 보면 나와의 싸움에서 진 것조차 온전히 내 탓만은 아닐 때가 많습니다. 애초에 목표가 내 역량에 비해 무리였을 수도 있고, 고단한 스케줄에 번아웃이 온 것일 수도 있고, 그날따라 컨디션이 난조였을 수도 있습니다. 하지만 자신을 비하해야 할 만큼 최악의 상황은 인생에서 그리 흔하게 찾아오지 않습니다.

부정적인 감정을 칼같이 잘라내는 건 말처럼 쉽지 않습니다. 하지만 노력해야 합니다. 오늘 하루 게임으로 시간을 날렸다면, "오늘치 공부를 못했네(사실). 내일은 정신 차리고 더 열심히 해서 만회해야지(해결책)"까지만 생각하는 편이 좋겠습니다. 그 이상의 자책과 비하는 어떤 생산성도 없이 멘탈을 갉아먹기만 할 뿐입니다. 자책감도 결국 스쳐 지나가는 일시적인 감정임을 끊임없이 되뇌어야 합니다.

불안은 예언이 아니라 신호일 뿐이다

공부하는 동안 수험생의 그림자처럼 따라붙는 또 하나의 감정이 바로 불안입니다. 자책이 과거에 대한 후회라면, 불안은 미래에 대한 공포입니다.

시험이 한 달 앞으로 다가왔는데 합격할 자신이 없을 때, 우리는 극도의 불안을 느낍니다. 이때도 자책감을 다룰 때와 똑같은 메커니즘을 적용해야 합니다. 객관적인 상황만 딱 잘라내서 보는 것입니다.

사실	시험이 한 달 남았다. 누구나 떨어질 가능성은 있다.
감정	떨어지면 어떡하지? 내 인생은 망하는 걸까?
해결책	남은 한 달 동안 합격 가능성을 0.1%라도 높이기 위해 오늘 할 수 있는 공부를 한다.

불안감은 이 상황에서 파생된 일시적인 감정 신호일 뿐, 내 미래를 결정짓는 예언이 아닙니다. 불안해한다고 결과가 바뀌지는 않습니다. 오히려 불안에 떠느라 공부를 못 하면 불합격이라는 예언을 스스로 실현하는 꼴이 됩니다.

수험 생활은 그 자체로도 힘듭니다. 매일 책상에 앉아 있는 고통만으로도 벅찬데, 굳이 자책, 불안, 외로움, 무기력감, 열등감 같은 감정의 짐까지 짊어질 필요는 없습니다.

힘들 때면 펜을 들고 한 번 종이에 적어봅시다. 지금 내가 처한 객관적인 '상황'은 무엇인지, 그로 인해 내가 느끼는 주관적인 '감정'은 무엇인지, 그리고 내가 해결해야 할 진짜 '문제'는 무엇인지. 이 셋을 구분하고, 내가 무엇을 해야 할지 명확히 되짚으며 멘탈을 잡아봅시다.

시간을 장악하는 사람은 환경을 뛰어넘을 수 있습니다.
누구에게나 시간 활용 방식에 따라 상황을 역전시키고
무한한 경쟁력을 얻을 잠재력이 있습니다.
평범한 우리가 비범한 성취를 이룰 수 있는
유일하고도 확실한 방법이기도 하고요.

힘들 때면 펜을 들고 한 번 종이에 적어봅시다.
지금 내가 처한 객관적인 '상황'은 무엇인지.
그로 인해 내가 느끼는 주관적인 '감정'은 무엇인지.
그리고 내가 해결해야 할 진짜 '문제'는 무엇인지.
이 셋을 구분하고, 내가 무엇을 해야 할지 명확히 되짚으며
멘탈을 잡아봅시다.

4장.

김앤장이라는 고지:

달콤한 보상, 쓰디쓴 대가

I

명함 한 장으로 드러나는
성공의 보상

엘리트 집단이 주는 달콤한 소속감

여태 설명한 방식으로 시간과 마음을 다잡으며 공부에 공부를 거듭하고, 운까지 따라준 결과 저는 우리나라에서 가장 이름난 로펌, '김앤장'에 입사하게 되었습니다. 들어가기 어렵기로 정평이 난 곳이었지만, 감사하게도 만 24살이라는 어린 나이에 초대형 로펌에서 첫 사회생활을 시작하게 됐습니다.

처음에는 기대에 부풀었습니다. 그간의 피나는 노력이 보상받는 기분이었고, 내가 꽤 근사한 사람이 된 것 같았습니다. 판사를 원하셨던 부모님조차 업계 최고로 손꼽히는 로펌 입사에는 별다른 말씀을 덧붙이지 않으셨습니다.

부끄러운 고백이지만, 이때까지도 저는 로펌이 정확히 무엇을 하는 곳인지 제대로 몰랐습니다. 드라마에 나오는 것처럼 스마트한 사람들이 모인 회사, 그런 '잘나가는' 변호사가 의뢰인을 변호하는 곳 정도로 막연하게 생각했습니다.

입사 전부터 "상상 이상으로 힘들다"라는 경고를 심심치 않게 들었지만, 국내 최고라는 타이틀이 주는 위엄과 설렘에 그런 말이 귀에 제대로 들어오지 않았습니다.

제 막연한 환상은 반은 맞고 반은 틀렸습니다. 바쁘고 잘나가는 변호사가 되는 것은 사실이었습니다. 일이 힘든 만큼 경제적 보상과 사회적 지위는 확실히 보장되었습니다. 공정거래, M&A, 조세 등 뉴스로만 접하던 기업들의 갈등 한복판에서 해결책을 찾는 일은 흥미로웠습니다.

입사 첫날, 유명 외국계 OTT 회사의 공정거래 이슈를 방어하기 위한 기사 검색 업무를 시작으로, 점차 법령 리서치, 소송 서면 작성, 클라이언트 미팅, 포렌식 리뷰 등 다양한 업무를 경험해 나갔습니다. 맡은 분야에서 전문 지식이 쌓이는 과정은 분명 성취감이 있었고, 선배나 고객의 칭찬을 듣거나 승소했을 때의 보람도 컸습니다.

그런 동시에 무엇보다 풍족한 경제적 보상 등의 외적 보상이 막중한 업무 속에서도 저를 지탱해 줬죠.

8년을 버틴 압도적인 원동력, 외적 보상

로펌 특성상 신문에 대문짝만하게 실리는 사건도 심심치 않게 많았습니다. 언론 보도 이면의 기밀을 살피고, 수백억 원 이상 걸린 사건에 참여하며, 평생 만날 일 없을 높은 지위의 클라이언트를 대면하기도 했습니다. 국내 굴지 기업의 회장님 전용 엘리베이터를 탔을 때의 그 생경한 기분은 아직도 잊히지 않습니다. 주변 동료들 역시 하나같이 유능하고 합리적인 분들이라 함께 일하는 즐거움도 컸습니다.

직업 활동의 최우선 목적인 경제적 보상은 두말할 필요가 없었습니다. 또래에 비해 높은 연봉을 받는다는 자부심은 대단한 동기부여가 되었습니다. 사회적 인정과 대우는 더 즉각적이었습니다. '1등 로펌 변호사'라는 타이틀은 어디에서나 빛이 났습니다. 광화문 한복판의 우뚝 솟은 빌딩에 나만의 방이 있고, 사회 초년생에게 과분하게도 전담 비서분이 있어 외부 전화도 제가 직접 받을 필요가 없었습니다.

회사 이름이 박힌 명함 한 장이면 구구절절 저를 설명할 필요가 없었죠. 모두가 인정받으려 애쓰는 경쟁 사회에서 이보다 명료하고 강력한 자기소개가 있을까요.

로펌 변호사로 일했던 8년을 돌아보면, 하루하루는 화려함보다 '일에 찌든 직장인'에 가까웠습니다. 하지만 그 살인적인 업무 강도를 상쇄할 만큼 물질적, 심리적 보상은 충분했습니다. 어느 누구라도 인정할 만한 '엘리트 집단'의 일원이라는 소속감. 이것이야말로 인정욕구 강한 제가 그토록 선망하던 것이었습니다.

멋모르고 24살에 입사한 제가 지옥 같은 업무 속에서도 8년이나 버틸 수 있었던 가장 큰 이유도 결국 이 소속감과 사회적 인정 때문이었습니다. 퇴사 후 원하는 일을 하며 행복하게 지내는 지금도, 가끔 전 직장이 생각난다면 그것은 그 달콤했던 인정의 맛이 그리워서일 겁니다.

정상에 올라도
행복하지 않을 수 있다

300시간의 타임시트와 무너지는 멘탈

앞서 로펌의 화려한 빛을 이야기했다면, 이제 그 짙은 그림자를 이야기할 차례입니다. 제 환상의 절반은 틀렸다고 했죠. 결론부터 말하자면, 저는 그냥 힘들었습니다.

처음에는 단순히 일이 많아서 힘든 줄 알았습니다. 밤낮없이 쏟아지는 이메일, 예고 없이 잡히는 회의, 새벽 퇴근은 일상이었습니다. 특히 잠에 민감한 저에게 수면 부족은 고문과도 같았고, 아침 9시 정기 회의는 그야말로 공포였습니다.

쉴 새 없이 일을 쳐내도 일은 그보다 빠른 속도로 쌓였습니다. '할 일 목록(To do list)'이 10개 넘게 쌓이면 압박감에 숨이 턱턱 막혔습니다. 계획을 세우고 하나씩 지워갈 때 희열을 느끼는 소위 '파워 J' 성향인 저에게, 예고 없이 들이닥치는 업무 폭탄은 그 자체로 엄청난 스트레스였습니다.

하지만 힘들다고 투정 부리기엔 주변 사람들에게 창피할 지경이었죠. 제 주변은 저보다 더 많이, 더 열심히, 더 잘하는 괴물 같은 동료들로 가득했으니까요. 로펌 변호사는 '타임시트'라는 것을 작성합니다. 일기장처럼 그날그날 어떤 업무를 몇 시간 했는지 분 단위로 적어내야 고객에게 보수를 청구할 수 있는데, 이는 내부 평가의 핵심 지표이기도 합니다.

그냥 자리에 앉아 있는 시간은 '타임'으로 인정되지 않습니다. 밥 먹고 화장실 가는 시간은 물론, 모르는 걸 찾아보며 헤맨 시간, 고민하느라 쓴 시간도 청구하기 애매합니다. 순도 100%의 업무 시간만 기록해야 하기에, 타임시트를 채우는 건 생각보다 훨씬 빡빡합니다.

그런데 농기 중 누군가는 300시간을 넘게 찍었다는 괴담이 들렸습니다. 주말도 없이 하루 10시간 이상 순수 업무만 했다는 뜻입니다. 그에 못 미치는 저 자신을 보며 저는 끊임없이 위축되었습니다. 이미 할 일이 산더미인데 새 업무 메일이 오면 저도 모르게 눈물이 고였습니다.

죽기보다 싫었던 8년간의 월요일

입사 1, 2년 차 때, 운 좋게 토요일과 일요일 오전을 쉬고 일요일 오후에 출근하는 날이면 도살장에 끌려가는 소처럼 한 발 한 발을 땅에 딛기가 너무 힘들었습니다. 물론 저만 그런 건 아니었죠. 일요일 밤이면 사내 메신저에 동기들의 접속을 알리는 초록불이 켜져 있었습니다.

누구나 원하는 경제적 보상과 사회적 지위를 얻었지만, 정작 그것을 누릴 시간이 없었습니다. 돈을 벌어도 쓸 시간이 없고, 주말은 밀린 일을 처리하거나 시체처럼 잠을 자는 데 써야 했습니다. 이렇게 몇 년을 보내자 저는 불행해졌습니다.

금요일 오후에는 그나마 숨통이 트였지만, 그때 새 업무 연락이라도 오면 주말이 삭제된다는 공포에 치를 떨었습니다. 일요일 점심, 억지로 출근하던 길에 부모님과 통화하며 "월요일만 되면 죽고 싶다"고 하소연했습니다. 부모님은 "젊을 땐 다 그렇다"고 하셨지만, 제 마음은 곪아 터지기 직전이었습니다.

점점 일을 기피하게 되었습니다. 무슨 일이든 피하고 싶었고, 신건 문의 메일이 오면 가슴이 철렁 내려앉았습니다. 한창 진행되던 프로젝트가 엎어지면 속으로 쾌재를 불렀습니다. 변호사가 사건 수임을 싫어하고 프로젝트 파기를 반기다니, 이미 직업인으로서의 멘탈은 붕괴된 상태였죠.

"내가 왜 이렇게 불행해야 하지?"

억울했습니다. 부모님 말씀 잘 듣고, 하라는 공부 열심히 해서 기껏 얻은 결과가 이것이라니. 고작 이런 삶을 살려고 청춘을 바쳤다는 사실이 분하고 불공평하게 느껴졌습니다.

일에 매몰되어 '나'를 잃어버린 시간

그렇게나 멋진 직장을 다니며 돈도 잘 벌면서, 객관적으로 보자면 배가 불렀다고 욕 먹을 일일지도 모릅니다. 하지만 오롯한 행복이 그렇듯, 깊은 불행 또한 개인이 처한 현실에 따라 상대적인 법이니, 제게는 로펌 변호사의 삶이 점차 숨쉬기도 어려울 만큼 답답해졌습니다.

저는 이 집단의 모두가 저처럼 불행할 거라고 믿었습니다. 이렇게 일이 힘든데 행복할 리가 없다고 생각했죠. 그러다 언젠가 힌 선배 변호사님이 "행복하냐"고 물으시기에 "아니요. 근데 다들 불행한 거 아닌가요?"라고 반문했습니다. 그때 그분이 지으신, 너무도 놀란 표정을 잊을 수 없습니다.

지금 와서 생각해보면 모두가 저만큼 불행했던 건 아니었던 것 같습니다. 누군가는 과로에 시달려도 변호사 업무 자체에서 희열을 느끼고 보람을 찾았을 겁니다. 지금 제가 통번역 일을 하며 밤을 새워도 즐거운 것처럼 말입니다.

저는 왜 그토록 불행했을까요? 어렸기 때문일 수도, 일이 너무 많아서일 수도 있습니다. 하지만 근본적인 이유는 제가 무언가를 바라고 '선택'한 것이 아니라, 그저 주어진 일을 '감당'해야 한다고 여겼기 때문일 것입니다.

어릴 때부터 '해야 하는 일'은 무조건 열심히 하는 성격인지라, 기대에 부응하려 애썼습니다. 회사의 일원으로 인정받는 것이 제 인생의 유일한 과업이 되어버린 것입니다. 한 발짝만 떨어져서 보면 그깟 직장이 뭐라고 죽고 싶다는 생각까지 하나 싶지만, 그 상황 속에 갇혀 있는 채로는 객관화가 불가능하게 여겨졌습니다.

정상에 오르면 행복할 줄 알았습니다. 하지만 남들이 정해놓은 정상은 제 고지가 아니었습니다. 산소가 희박한 그곳에서 저는 천천히 질식해가고 있었습니다.

III

선택지를 넓힌다는 말의
치명적 함정

선택지는 성공할수록 좁아진다

우리는 어릴 때부터 귀에 딱지가 앉도록 듣는 말이 있습니다. "일단 공부만 잘하면 나중에 뭐가 하고 싶든 할 수 있어."

'공부를 잘하는 것이야말로 성공의 시급길'이라는 말보다, 이 말은 훨씬 더 달콤하고 합리적으로 들립니다. 아직 꿈이 없거나 좋아하는 게 뭔지 모르는 학생들에게 이보다 설득력 있는 논리는 찾기 어렵습니다.

일단 성적을 받아 명문대에 가고, 고시 패스를 해두면 나중에 의사가 되든, 판사가 되든, 아니면 카페 사장이 되든 마음대로 고를 수 있다는 논리입니다. 반대로 지금 공부를 안 해두면 나중에 의사나 판사가 되고 싶어도 될 수 없으니, 일단은 선택지를 넓혀두자는 것이죠.

논리적으로는 완벽합니다. 하지만 제가 직접 흔히들 말하는 엘리트 코스의 한 길을 걸어보니, 이 명제는 틀렸습니다. 적어도 제 인생에 있어서는 분명히 그랬습니다.

현실에서 명문대 입학, 사법시험 합격, 김앤장 입사라는 성취는 제 선택지를 넓혀주기는커녕, 거대한 족쇄가 되어 저를 옭아맸습니다. 이유는 단순합니다. 이미 이뤄낸 것들이 너무나 '아까워지기' 때문입니다. 경제학에서 '매몰 비용'이라고 부르는 개념이기도 합니다.

중고등학교 6년을 갈아 넣어 명문대 인기 학과에 합격했는데, 적성에 안 맞는다고 1학년 때 바로 자퇴할 수 있는 사람이 몇이나 될까요? 극단적인 충동을 억눌러가며 고시원에서 몇 년을 썩어 변호사가 되었는데, 일이 재미없다는 이유로 홀연히 사표를 던질 수 있을까요?

물론 예외적인 몇몇은 정말로 그런 기행을 저지르기도 합니다만, 저를 비롯한 대개의 사람들은 그런 선택을 쉽사리 하지 못합니다. 차라리 아무런 타이틀이 없었다면 오히려 자유로웠을 겁니다. 어느 날 제빵에 흥미를 느끼면 빵집 알바를 시작할 수 있고, 폴댄스가 좋아지면 강사에 도전해볼 수 있습니다. 잃을 게 없으니까요.

하지만 '선택지를 넓히기 위해' 쌓아온 그 엄청난 시간과 노력, 그리고 그 결과로 얻어낸 사회적 지위는 역설적으로 새로운 도전을 가로막는 가장 큰 걸림돌이 되었습니다. 지금 와서 진로를 바꾸면 그간에 쏟은 피땀 어린 노력이 모두 수포로 돌아갈지도 모른다는 공포, "네가 거기까지 어떻게 올라갔는데 그걸 그만둬?"라는 주변의 만류. 이 모든 것이 여타의 선택지를 무의미하게 만듭니다.

엘리트 코스는 광장이 아니라 터널

왜 이런 모순이 발생할까요? 곰곰이 생각해보면, '선택지를 넓힌다'는 말 속에 교묘한 의도가 숨어 있기 때문이 아닐까 싶습니다.

우리가 공부를 해서 얻는 자격들, 의사, 판검사, 변호사, 고위 공무원 등은 사실 넓은 '광장'으로 나가는 티켓이 아닙니다. 아주 좁고 가파른 계단, 혹은 한번 들어서면 끝까지 가야 하는 '터널'에 가깝습니다.

이 자격증들은 사회가 정해놓은 특정 직역을 수행하기 위한 면허입니다. 의대에 가는 순간 공대나 미대라는 선택지는 사실상 배제됩니다. 로스쿨에 가는 순간 여타의 선택지는 실질적으로 무가치해집니다. 선택하는 순간 절로 다른 선택지를 소거하는 셈입니다.

그 결과, 나중에 터널 중간쯤에서 "지금 와서 생각해보니 나는 넓은 들판에서 뛰고 싶어"라고 깨달아도, 이미 걸어온 길이 아까워 되돌아갈 수 없게 됩니다. 그래서 방향성 없는 성취는 훗날 방향을 틀고 싶을 때 발목을 잡는 족쇄가 되고 맙니다.

할 수 있는 것과 하고 싶은 것의 극명한 간극

저도 그랬습니다. 처음 로펌에 입사했을 때는 정신없이 쏟아지는 업무를 배우느라 이 일이 나에게 맞는지 따져볼 겨를도 없었습니다. 그저 일이 너무 많아서 힘든 것이라고 치부하며 적당히 흐린 눈으로 넘어가려 했죠. 하지만 연차가 쌓일수록 분명해졌습니다. 로펌 업무 내에서도 저에게 맞는 것과 맞지 않는 것이 극명하게 갈렸습니다.

저는 공부를 잘했고, 사법시험도 우수한 성적으로 합격했습니다. 즉, 법률 지식을 습득하고 시험을 치르는 '능력(Competence)'은 있었습니다. 하지만 변호사라는 직업이 요구하는 '적성(Aptitude)'은 달랐습니다.

저는 타인의 일에 깊이 관심을 두는 성격이 아닙니다. 그런데 변호사는 기본적으로 남의 싸움에 끼어들어 내 일처럼 싸워야만 하는 사람입니다. 의뢰인에게 유리한 논리를 만들기 위해 수 년 치에 달하는 타인의 기록을 파헤치고, 사실관계를 집요하게 물고 늘어져야만 합니다. 저에게는 변호사에게 필요한 이 모든 과정이 너무나 고통스러웠습니다.

물론 잘 맞는 부분도 있었습니다. 조세 분야처럼 사실관계 싸움보다는 깔끔한 법리 논쟁이 주를 이루는 업무, 영어를 활용한 번역 리뷰나 외국 고객과의 소통은 재미있었습니다. 하지만 변호사 업무의 본질인 '복잡한 사실관계의 정리와 논리 구성', '법령의 해석과 적용'은 저에게 지적 유희보다는 머리를 쥐어짜는 고통으로 다가왔습니다.

리서치 하나를 해도 늘 놓친 게 있지 않을까 불안했고, 어려운 법문과 씨름할 때면 편두통이 왔습니다. 단순히 업무 강도의 문제가 아니었습니다.

'이렇게 힘들고 재미없는 일을 내가 정말 평생 할 수 있을까?', '경제적인 보상으로 참는 것도 하루이틀이지, 내가 언제까지 참으면서 이렇게 일할 수 있을까?'

이런 회의감이 들 때마다 마음속에 파문이 일었습니다. 사람은 위기 상황에 당면해 초인적인 힘을 발휘한다고 하죠. 저도 입시나 고시 때는 그런 힘으로 버텼습니다. 그때는 목적지가 분명했으니까요. 하지만 직장 생활에서는 위기가 닥칠 때마다 힘이 나기는커녕 방전되는 기분이었습니다.

제가 진정으로 원해서 선택한 길이었다면 그 열망이 저를 추동해 더욱 열심히 일을 해냈을지도 모릅니다. 하지만 사회적 시선과 부모님의 기대에 맞춰 선택한 길 위에서는, 고비마다 주저앉고 싶을 뿐이었습니다.

정상은 발 디딜 곳이 좁은 곳

수많은 의문과 회의에도 불구하고, 저는 8년을 버텼습니다. 아니, 버틸 수밖에 없었습니다. 제 적성에 안 맞다고 어느 하루에 갑자기 이 '좋은 직업'을 그만둘 수는 없었으니까요.

당장 그만둔다고 해서 마땅히 할 일도 없었습니다. 평생 공부만 했지, 내가 뭘 좋아하는지 진지하게 탐구해본 적이 없었기 때문입니다. 역설적으로 잃을 게 너무 많아지니, 다른 선택을 하기가 두려워졌습니다.

변호사라는 직업은 개인적으로 엄청난 노력을 투입해 쟁취한 '성취'였고, 사회적으로도 누구나 부러워하는 '지위'였습니다. 이 자리에서 제 발로 내려온다는 선택지는 제 인생 계획표에 존재하지 않았습니다.

'선택지를 넓힌다'는 명목으로 맹목적으로 올라온 길은, 사실 사회 통념상 가장 높은 곳으로 향하는 사다리였습니다. 저는 천신만고 끝에 그 꼭대기까지 올라갔습니다. 하지만 그곳에 도달한 뒤에야 깨달았습니다.

고지는 아래를 내려다보는 것조차 두려운 곳이었습니다. 힘겹게 한 발 한 발 내디뎌 도달한 그 뾰족한 정상에는, 더 이상다른 선택지가 존재하지 않았습니다. 오직 버티거나, 추락하거나 둘 중 하나뿐이었습니다.

만약 과거의 저처럼, 뚜렷한 방향 없이 '일단 높은 곳으로 가면 뭐가 보여도 보이겠지'라는 마음으로 사다리를 오르고 있는분이 계신다면, 잠시 멈춰서 한 번쯤 생각해보면 어떨까요.

이 사다리의 끝에 내가 원하는 풍경이 있을지 혹은 그저 사다리가 거기에 있어서 오르고 있을 뿐인지.

저는 왜 그토록 불행했을까요?

어렸기 때문일 수도, 일이 너무 많아서일 수도 있습니다.

하지만 근본적인 이유는

제가 무언가를 바라고 '선택'한 것이 아니라,

그저 주어진 일을 '감당'해야 한다고

여겼기 때문일 것입니다.

'선택지를 넓힌다'는 명목으로 맹목적으로 올라온 길은,

사실 사회 통념상 가장 높은 곳으로 향하는 사다리였습니다.

저는 천신만고 끝에 그 꼭대기까지 올라갔습니다.

하지만 그곳에 도달한 뒤에야 깨달았습니다.

2부.

내적 동기의 점화:

다른 세계선의 나를
만난 순간

5장.

전율의 순간:

번역
리뷰에서
느낀
전율

I

강점은
남들이 싫어하는 일 속에
숨어 있다

변호사의 또다른 이름은 '고급 잡부'

변호사의 업무는 상상 이상으로 다양합니다. 드라마에서처럼 법정에서 화려한 언변을 뽐내는 일은 극히 일부에 불과합니다. 실제로는 의뢰인의 법적 문제를 해결하기 위해 법과 전혀 상관없어 보이는 방대한 사실관계를 정리하거나, 하루 종일 관련 기사만 모니터링하는 일도 허다합니다. 그래서 변호사끼리는 자조 섞인 농담으로 스스로를 '고급 잡부'라고도 합니다.

제가 몸담았던 대형 로펌은 외국계 고객의 비중이 컸습니다. 외국 기업은 상대적으로 수임료에 관대하고, 수임 경쟁도 덜 치열한 경향이 있어 선호되곤 합니다. 시차 덕분에 낮 동안은 전화 공세에 시달리지 않아도 된다는 장점도 있고요.

물론 외국어 능력은 필수였습니다. 저는 중학교 1학년 때 아버지의 안식년을 따라 미국에서 1년을 보냈습니다. 언어 습득력이 가장 폭발적인 시기에, 한국인이 거의 없는 환경에서 보낸 1년은 제 영어 실력을 비약적으로 끌어올려 주었습니다. 덕분에 로펌 내에서도 한국 변호사 중에서는 영어를 꽤 잘하는 축에 속했고, 자연히 외국계 업무가 저에게 우선 배정되곤 했습니다.

그중 저연차 변호사들에게 주로 주어지는 업무가 바로 '번역 리뷰'였습니다.

모두가 기피하는 일, 나 홀로 즐거웠던 일

외국 고객 업무를 하다 보면 계약서나 의견서, 법원에 제출할 서류 등 수많은 문서를 영문으로 번역하여 고객에게 전달해야 합니다. 로펌에는 별도의 전문 번역팀이 있지만, 모든 문서는 최종적으로 변호사의 검토 후에 나갑니다. 번역팀이 초벌 번역한 문서를 변호사가 꼼꼼히 대조하며 수정하는 과정이 번역 리뷰이고요.

번역 리뷰는 로펌 변호사의 대표적인 기피 업무입니다. 많은 동기와 선배들이 이 일을 '극혐'합니다. 그도 그럴 것이, 한번 시작하면 수십 장의 국, 영문 문서를 나란히 켜놓고 깨알같이 들여다봐야 하니 눈이 빠질 듯 아픈 건 물론이고, 이미 전문가가 번역한 문장에서 오류를 찾아내거나 더 나은 표현으로 고쳐야 하는 노동집약적 업무이기 때문입니다.

그런데 이상하게도 저는 이 번역 리뷰가 싫지 않았습니다. 산더미처럼 쌓인 업무 리스트 중에서 제가 가장 먼저 손을 뻗는 일이 번역 리뷰였습니다. 남들은 지루해 죽겠다는 그 단순 반복 작업이 저에게는 무엇보다 쉽고 편안하게 느껴졌습니다. 문서를 열고, 복잡하게 생각할 것 없이 그저 한 문장 한 문장 읽으며 더 적확한 표현으로 고쳐나가다 보면, 어느새 문서가 깔끔하게 완성되어 있는 그 과정이 좋았습니다.

반면, 변호사의 본분인 소송 서면 작성이나 복잡한 법리 검토는 달랐습니다. 하얀 백지를 띄워놓고 무에서 유를 창조해야 할 때면 머리를 쥐어뜯곤 했습니다. 대부분이 기피하는 번역 리뷰를 맡으면서는 그런 적이 한 번도 없었는데 말이죠.

재능의 재발견, "이게 왜 힘들지?"

대개는 재능을 '남들보다 압도적으로 잘하는 것'이라고 여깁니다. 하지만 제가 생각하는 재능의 정의는 조금 다릅니다.

"남들은 죽기보다 싫어하는데, 나는 할 만한 일", "남들은 끙끙대며 하는데, 나는 별 힘들이지 않고 해내는 일."

이런 부분 역시 재능이자 강점이 아닐까요.

저는 원래 한 가지 일에 쉽게 질리지 않는 성격이기도 하지만, 무엇보다 언어 자체에서 즐거움을 느꼈습니다. 영어 문장을 번역하며 그 뉘앙스를 어떻게 살릴지 고민하고, 더 매끄러운 표현을 찾았을 때의 그 짜릿함. 그것은 법리 논쟁에서 이겼을 때의 쾌감과는 결이 다른, 아주 원초적인 즐거움이었습니다.

점차 연차가 쌓여 외국계 고객과 직접 소통할 기회가 늘어나면서 이 즐거움은 확신으로 변했습니다. 회의에서 영어로 발언하고, 미묘한 뉘앙스 차이를 조율하며, 함께 일하는 원어민 변호사들의 세련된 표현을 내 것으로 흡수하는 과정은 제게 공부라기보다 게임처럼 느껴졌습니다.

퇴사 직전, 국문 서류 작성부터 번역, 고객 소통까지 과정의 대부분을 온전히 제힘으로 전담했던 사건이 있었습니다. 몸은 고되었지만, 제 로펌 생활 8년을 통틀어 가장 보람차고 즐거웠던 기억으로 남았습니다.

당시에는 몰랐습니다. 그저 '내가 영어를 좀 좋아하네' 정도로만 생각했습니다. 하지만 돌이켜보니 그것은 단순한 선호가 아니었습니다. 제 내면에서 반복해서 보내는 '적성의 시그널'이었습니다.

내가 지금 하고 있는 일이 나에게 맞는지 확신이 서지 않는다면, 주위를 둘러보십시오. 남들은 힘들어 죽겠다고 아우성치는

데, 당신은 의외로 '이걸 왜 힘들다고 하지? 난 재미있는데?'라고 느끼는 업무가 있나요?

만약 있다면, 놓치지 마십시오. 그 사소해 보이는 차이가 당신을 남들과 다른 길로 이끌어줄 가장 강력한 나침반이 될지도 모릅니다.

Ⅱ

적성은 예고 없이
불쑥 찾아온다

주연과 조연이 뒤바뀐 순간

변호사 6년 차, 저는 외국 기업의 세무조사가 형사 사건으로 비화할 조짐이 보이는, 꽤 살벌한 사건 하나를 맡게 되었습니다. 관련 당국이 강도 높은 조사를 예고했고, 하필 조사의 핵심 타깃은 외국인 임직원들이었습니다.

조사실의 공기는 무거웠습니다. 날카로운 질문을 던지는 조사관, 잔뜩 긴장한 외국인 임직원, 그리고 그 공세를 막아내야 하는 변호사들. 원활한 소통을 위해 통역사 한 분이 배석했습니다. 저는 실무 담당 변호사로서 통역사 섭외부터 계약 체결까지 도맡았기에, 그분이 그저 사건 처리를 위해 필요한 외부 인력

중 한 분이라 생각했습니다.

그런데 막상 조사가 시작되자, 제 시선은 의뢰인이 아닌 통역사님에게 꽂혔습니다. 긴장감이 감도는 팽팽한 대치 상황 속에서, 그분은 조사관의 길고 복잡한 질문을 즉석에서 토씨 하나 틀리지 않고 유려한 영어로 옮겼습니다. 반대로 외국인 임직원의 방어 논리 또한 완벽한 한국어로 조사관에게 전달했죠.

단순히 언어를 옮기는 수준이 아니었습니다. 뉘앙스와 분위기까지 장악하는 그분의 모습은 제 눈에 너무도 대단해 보였습니다. 그리고 아마도 저뿐만 아니라 조사실에 있던 모두가 내심 감탄하지 않았을까 하고요.

그전까지만 해도 저는 통역사라는 직업을 진지하게 생각해본 적이 없었습니다. 어릴 때부터 주입받은 '선망의 직업군' 리스트에 통역사는 없었고, 주변에 아는 통역사도 전무했습니다. 기껏해야 TV에서 봉준호 감독님의 통역을 맡은 샤론 최 님을 보며 스쳐 지나가듯 멋지다고 생각한 게 전부였습니다.

그런데 눈앞에서 생생하게 목격한 언어의 마술은 충격적이었습니다. 어릴 적부터 언어를 좋아해온 저에게, 한 언어를 다른 언어로 실시간으로 전환해내는 작업은 그 어떤 일보다 흥미진진해 보였습니다.

부러움과 박탈감, 그리고 근자감

그 강렬한 호기심 뒤에 따라온 감정은 초라함이었습니다. 조사가 끝나자 통역사님은 제 일을 모두 마치셨으니, 더 볼일 없는 사무실에서 가방을 챙겨 퇴근했습니다. 그 뒷모습을 망연히 바라본 뒤에 이제 제 업무가 본격적으로 다시 시작되었습니다. 사무실로 복귀해 국문 조서 및 속기한 내용을 바탕으로 영문 번역본을 작성하고, 번역팀의 초안을 리뷰하고, 팀 내부 검토를 거쳐 고객에게 보고서를 보내야 했습니다.

고객은 "검토할 시간을 달라"고 하고, 조사관은 "빨리 최종본을 달라"고 닦달하는 그 틈바구니에서, 저는 밤새 시달려야 했습니다. 주말 근무는 두말할 것 없이 당연했고요. 그런데 나중에 알고 보니 조사와 함께 퇴근하신 통역사님은 대형 로펌 사건이라 보수가 상당했을 뿐 아니라, 문서로 남는 조사의 특성상 저작권료 개념으로 2배의 요율을 받는다고 하더군요.

순간, 억하심정이 밀려왔습니다.

'나는 하기 싫은 일을 하면서 매일 야근에 시달리는데, 저분은 저렇게 멋지고 재밌어 보이는 일을 하면서, 정시에 퇴근하고 심지어 돈까지 많이 번다고?'

세상이 불공평하게 느껴졌습니다. 상대적 박탈감과 부러움, 그리고 미련이 뒤섞인 복잡미묘한 감정이었습니다. 그런데 그

질투심의 밑바닥에는 아주 낯선 감정 하나가 꿈틀거리고 있었습니다. 바로 근거 없는 자신감, 속칭 '근자감'이었습니다.

그 통역사님의 실력이 워낙 출중하셨기에 그 실력을 제가 감히 평하기도 우스운 지경이었지만, 이상하게도 이런 생각이 들었습니다.

'왠지 나도 하면 잘할 것 같은데?', '내가 해도 꽤 즐겁게 잘해낼 수 있을 것 같은데?'

분명 이성적인 판단은 아니었습니다. 그저 현실을 도피하고 싶은 마음에 피어오른 착각이었을지도 모릅니다. 하지만 중요한 건, 제가 변호사 일을 하면서 단 한 번도 느껴본 적 없는 종류의 확신이었다는 점입니다. '힘들지만 해야 해'가 아니라, '재밌겠는데? 잘할 수 있겠는데?'라는, 설명할 수 없는 형태의 직관이었습니다.

내면의 신호에 귀 기울일 것

당연하게도 그날의 강렬한 스파크는 바로 액션으로 이어지지 않았습니다. 해당 사건은 몇 달 후 마무리되었고, 저는 다시 예전처럼 서면을 쓰고 전화를 받는 변호사의 하루를 살아냈습니다. 처음 눈으로 본 통역사의 일이 아무리 좋고 멋있어 보인다고 해서, 당장 사표를 던질 만큼 현생이 만만할 리는 없으니까요.

저는 부모님이 원하던 법조인이 되기 위해 청춘을 바쳤고, 천신만고 끝에 사법시험에 합격해 일류 로펌에 다니는 6년 차 변호사였습니다. 가진 것도, 잃을 것도 너무나 많았습니다. 마치 아이돌을 열렬히 '덕질'한다고 해서 진짜 그 아이돌과 결혼할 생각을 하지 않듯, 통역사가 아무리 좋아 보여도 그것은 '나와는 상관없는, 다른 세계의 일'이라 선을 그었죠.

다만 한 가지 달라진 점이 있다면, 마음 한구석에 짙은 아쉬움이 남았다는 것입니다.

"왜 진작 이런 직업이 있다는 걸 몰랐을까", "다음 생에 태어난다면, 꼭 통역사를 한번 해봐야지."

만약 그때 제가 '다음 생에'라고 미루지 않고, '지금 당장'을 고민했다면 제 인생은 조금 더 일찍 바뀌었을지도 모릅니다. 하지만 후회하지는 않습니다. 그때의 그 강렬했던 질투와 근거 없는 자신감은 제 무의식 속에 깊이 각인되어, 훗날 결정적인 순간에 저를 다시 그 길로 이끄는 도화선이 되었으니까요. 오히려 당시에 '지금 당장' 무언가 다른 생각을 했더라면, 그 순간에는 채 생각지 못한 현실적인 기회비용을 당면해 더 당혹스러워했을지도 모릅니다.

우리는 살면서 우연히 누군가의 삶을 보며 강렬한 부러움을 느낄 때가 있습니다. 혹은 해본 적도 없는 일인데 묘하게 '나도 잘할 수 있을 것 같다' 싶기도 하고요.

그 순간의 직감을 그냥 스쳐 지나가게 두지 마십시오. 그것은 단순한 착각이 아닐지도 모릅니다. 물론 착각일 수도 있겠죠. 하지만 한 번쯤 진지하게 그 사건을 곱씹고 궁리해보면 어떨까요. 생각에 돈이 드는 것도 아닌데 말이죠.

그저 시간만 조금 할애한다면 어떤 소리가 귀에 들릴 지도 모르는데, 그 소리는 억눌려 있던 내면의 자아가 "이게 바로 네가 찾던 길이야!"라고 보내는 필사적인 시그널일지도 모릅니다. 적성은 예고 없이 불쑥 찾아옵니다. 그 낯선 손님을 문전박대하지 말고, 한번쯤 문을 열어 들여다보시길 권합니다.

III

전율과 희열은
디테일에 숨어있다

공부가 아니라 지적 유희

저는 어릴 때부터 유독 언어라는 도구를 좋아했습니다. 초등학생 때는 책 읽기에 빠져 살았고, 중학생 때는 국어가 가장 자신 있는 과목이었습니다. 미국 거주 경험 이후로는 영어가 그 자리를 대신했고요.

새로운 언어를 배우는 과정은 저에게 노동이 아니라 일종의 게임이자 탐험이었습니다. 고등학생 때 처음 접한 일본어는 한국어와 어순이 같아 배우기 쉬우면서도 미묘하게 다른 점이 흥미로웠고, 대학 시절 교양으로 들었던 중국어는 각 글자에 강세, 성조가 있다는 사실이 신선한 충격으로 다가왔습니다.

남들은 취업을 위해, 점수를 따기 위해 억지로 외국어 공부를 할 때, 저는 언어 그 자체의 매력에 반했습니다. 인간이 사는 모습은 전 세계 어디나 비슷할 텐데, 그것을 표현하는 방식은 어쩜 그리 천차만별일까요.

일본어에는 '받침'이라는 개념이 희박하고, 영어에는 한국어 같은 복잡한 '존댓말' 체계가 없습니다. 반대로 한국어는 수의 단수 복수 구분에 엄격하지 않죠. 이렇게 언어 학습을 통해 그 나라 사람들의 사고방식과 문화를 되짚어 익혀가는 과정은, 저에게 공부라기보다는 즐거운 게임이자 지적 유희의 과정이었습니다.

하늘 아래 같은 단어는 없다

정말 변태 같은 고백을 하나 하자면, 저는 단어 외우기를 좋아합니다. 보통 어학 공부에서 가장 지루하고 고통스러운 과정을 꼽으라면 단연코 단어 암기일 텐데, 저는 그 단순한 학습에서 희열을 느낍니다.

단어는 단순히 사전적 정의로만 존재하지 않습니다. 각 단어에는 고유한 결이 있고, 온도가 있으며, 쓰임새에 맞는 자리가 있습니다.

혹시 여성분이시라면, 같은 붉은 계열의 립스틱이라도 '하늘 아래 같은 빨간색은 없다'라는 홍보 문구를 들어보셨겠죠. 저에게는 단어의 세계가 그렇습니다. 사전을 찾으면 동의어라고 나오는 단어들도 자세히 뜯어보면 미묘한 뉘앙스와 어감, 주로 쓰이는 맥락이 어느 하나도 같지 않습니다.

세상에 완벽하게 똑같은 두 단어는 없습니다. 이 상황에서는 A라는 단어가 맞지만, 저 상황에서는 B라는 단어가 더 적절합니다. 그 미세한 차이를 비교하고 분석하며, 퍼즐 조각 맞추듯 딱 들어맞는 단어를 찾아내는 과정. 남들은 피곤하다고 혀를 내두르는 그 디테일에 집착하는 시간이 저에게는 너무나 즐겁습니다.

이것이 바로 적성이겠죠. 남들은 대충 넘어가고 싶어 하는 디테일이 눈에 밟히고, 그것을 파고드는 과정이 괴롭지 않다면, 그 분야에 재능이 있는 것일 테고요.

정답 없는 문제에서 최적의 해를 찾는 쾌감

통역과 번역의 매력도 바로 이 지점에 있습니다. '감자=Potato', '책=Book'처럼 일대일로 대응되는 단어는 극히 일부입니다. 대부분의 언어는 맥락에 따라 그 의미가 변합니다.

예를 들어 'Address'라는 단어를 한번 봅시다. 명사로는 주소나 연설이지만, 동사로는 주소를 쓰다, 연설하다, 말을 걸다, 다루다, 고심하다, 처리하다, 조치하다, 검토하다, 제안하다, 접근하다, 부르다, 제기하다, 토로하다… 상황에 따라 수십 가지 뜻으로 번역될 수 있습니다.

번역이란 사전을 검색해 기계적인 결과값을 내놓는 일이 아니라, 발화자가 의도한 메시지의 '알맹이'를 간파해, 도착어의 세계에서 그 알맹이를 가장 완벽하게 구현해 줄 단어와 표현을 골라내는 작업입니다. 그리고 제게는 이 작업이 무척이나 매혹적으로 여겨지고요.

어느 연설문에서 "Today, poverty continues to have a female face"라는 문장을 본 적이 있습니다. 이를 직역하면 "오늘날 빈곤은 계속하여 여성의 얼굴을 하고 있습니다"가 됩니다. 무슨 말인지 감은 오지만, 자연스럽게 읽히지는 않습니다.

이때 통역사가 "오늘날에도 빈곤은 여성들에게 가장 큰 피해를 줍니다"라고 옮긴다면 어떨까요? 듣는 사람은 즉시 이해할 수 있고, 원문을 말한 연사의 의도도 훨씬 명확히 전달됩니다.

물론 통역은 0.1초를 다투는 시간과의 싸움이라, 매번 이런 최적의 대안이 떠오르지는 않습니다. 머릿속이 하얘지기도 하고, 혀가 꼬여 엉뚱한 말이 튀어나오기도 합니다. 답답해서 이 불을 걷어차고 싶은 날이 태반입니다.

하지만 가끔, 정말 가끔 '이보다 더 좋을 수 없는' 찰떡같은 표현이 번개처럼 스치고 지나갈 때가 있습니다. 출발어의 뉘앙스를 100% 살리면서 도착어의 문화적 배경까지 고려한 완벽한 문장을 뱉어냈을 때, 그 짜릿한 전율은 무엇과도 바꿀 수 없습니다.

한국어에는 동사가 나오지도 않았는데 영어 어순에 맞춰 동사를 먼저 뱉어야 하는 동시통역의 긴박함, 문장이 꼬였지만 순발력을 발휘해 매끄럽게 수습했을 때의 안도감. 이 모든 과정이 저에게는 고통인 동시에 강렬한 쾌락입니다.

"재밌으니까, 잘할 수 있을 것 같아요"

이렇게 통역 예찬론을 펼치니 제가 대단한 실력자처럼 보일지 모르겠습니다. 현실은 이제 막 공부를 시작한 지 2년 남짓된, 갈 길이 구만리인 풋내기입니다. 실수투성이고, 매일 내 실력의 밑바닥을 마주하며 좌절합니다.

그런데 신기한 점이 하나 있습니다. 변호사 시절에는 일을 아무리 해도 솟지 않던 자신감이, 통역 일을 하면서는 묘하게 샘솟는다는 것입니다. 이것은 아마도 실력에서 나오는 자신감이 아니라, 재미에서 나오는 자신감이 아닐까 합니다.

'너무 재밌으니까, 계속 공부하다 보면 언젠가 잘하게 되지 않을까?'

이 근거 없는 자신감이야말로 내적 동기의 가장 큰 선물입니다. 변호사 일을 할 때는 '실수하면 안 되는데', '못하면 욕먹는

데'라는 두려움이 앞섰다면, 지금은 '못해도 계속하고 싶다', '더 잘하고 싶다'라는 열망이 앞섭니다.

잘해서 좋아하는 게 아닙니다. 좋아하니까 잘하고 싶어지는 것입니다. 그리고 그 마음이 있는 한, 저는 분명 어제보다 오늘 더 나은 통역사가 될 것이라 믿습니다.

혹시 그런 분야가 있나요? 남들은 "그걸 왜 그렇게까지 해?"라고 묻는데, 혼자서 남들은 잘 보지 못하는 디테일 하나하나에 집착하며 희열을 느끼는 일. 만약 있다면, 그곳이 바로 각자의 재능을 꽃피울 수 있는 무대일 것입니다.

남들은 힘들어 죽겠다고 아우성치는데,

당신은 의외로 '이걸 왜 힘들다고 하지? 난 재미있는데?'라고

느끼는 업무가 있나요? 만약 있다면, 놓치지 마십시오.

그 사소해 보이는 차이가 당신을 남들과 다른 길로 이끌어줄

가장 강력한 나침반이 될 것입니다.

잘해서 좋아하는 게 아닙니다.

좋아하니까 잘하고 싶어지는 것입니다.

남들은 "그걸 왜 그렇게까지 해?"라고 묻는데,

혼자서 남들은 잘 보지 못하는 디테일 하나하나에

집착하며 희열을 느끼는 일. 만약 있다면, 그곳이 바로

각자의 재능을 꽃피울 수 있는 무대일 것입니다.

6장.

몰입의 즐거움:

육아
전쟁터에서
찾은
해방구

I

삶의 균형은 칼퇴가 아니라 몰입에서 온다

월요일이 두려운 당신에게

직업은 생계 수단일 뿐이고, 퇴근 후가 진짜 내 삶이라고 말하는 사람들이 있습니다. 꽤 일리 있는 말입니다. 하지만 젊고, 부양할 가족도 없으며, 소비욕구도 크지 않았던 과거의 저에게는 생계라는 절박함조차 부족했습니다. 그러니 직장 생활의 권태와 염증은 더 빠르고 깊게 찾아왔습니다.

저는 전형적으로 목 놓아 주말만 기다리는 직장인이었습니다. '월어어얼화아아수우우모오옥그으음퇼'이라는 우스갯소리처럼 찰나처럼 지나가는 주말이 너무도 야속했습니다. 그런 주말에 회의라도 잡히면 세상이 무너진 듯 불행해졌고, 1년에 한

두 번 가는 휴가를 위해 나머지 350일을 억지로 버텼습니다.

초중고 12년, 대학 4년까지 제 인생의 절반을 바쳐 얻은 직장인데, 막상 입사하고 보니 이곳은 그저 퇴근을 위해 견뎌야 하는 감옥처럼 여겨졌죠.

입사 3년 차, 결국 올 것이 오고야 말았습니다. 번아웃이 온 것입니다. 불면증, 우울감, 생리 불순 같은 신체적 증상도 있었지만, 더 큰 문제는 마음에 있었습니다. 제가 일을 쳐내는 속도보다 더 빠르게 쌓이는 업무들, 매 순간 목을 조여오는 마감의 압박을 더 이상 견딜 재간이 없었습니다.

"딱 한 달만 쉬자."

도저히 안 되겠다 싶어 휴직을 결심했습니다. 평생을 속칭 '존버' 정신으로 살아온 저에게, 퇴사도 이직도 아닌 휴직 요청은 제 스스로 선고하는 인생의 패배처럼 여겨졌습니다. 남들은 다 잘 다니는데 나만 나약해서 떨어져 나가는 것 같아 자괴감이 들었습니다. 팀장님께 면담을 요청하러 들어간 회의실에서, 입을 떼기도 전에 눈물부터 쏟아져 당황스러웠던 기억이 납니다.

다행히 한 달간의 휴식은 달콤했습니다. 제 기억이 닿는 한도 내에서 손에 꼽을 만큼 오랜만에 아무 목적 없이 침대에 누워 천장만 바라보며 며칠을 보냈습니다. 뻑뻑해진 기계에 다시 기름칠한 듯 마음도 어느 정도 회복되었죠. 하지만 어디까지나 임시 처방에 불과했습니다. 복직 후 업무 강도를 배려받은 덕에 조금 나아졌을 뿐, 근본적인 해결책은 되지 못했습니다.

그런데 아이러니하게도, 제 고질병인 월요병을 완화해준 비책은 휴식이 아니라 더욱 강력한 노동이었습니다.

육아, 나를 지우는 고통이자 나를 채우는 기쁨

입사 2년 차에 결혼해 5년 차에 첫 아이를 낳았습니다. 저는 어릴 때부터 막연히 현모양처를 꿈꿨고, 아이를 낳으면 전업주부가 되어 아이와 많은 시간을 보내는 게 가장 큰 행복일 거라 믿었습니다.

하지만 그 환상은 육아를 시작한 지 몇 달 만에 산산조각 났습니다. 육아가 적성에 안 맞았냐고요? 아닙니다. 저는 제 아이가 세상에서 제일 예뻤고, 모유 수유를 끊을 때 눈물을 흘릴 정도로 유난한 '도치맘'이었습니다. 아이와 눈을 맞추고 웃는 시간은 눈물겹게 행복했습니다.

문제는 그 행복의 성격이었습니다. 육아에는 내가 철저히 배제됩니다. 아무리 행복해도 육아의 중심은 아이이고, 양육자는 조연일 수밖에 없습니다. 하루 종일 먹이고, 재우고, 씻기고, 기저귀를 가는 단순 반복 노동 속에서 '나'라는 자아는 설 자리를 잃을 수밖에 없었습니다. 성취감은 없고 희생만 요구되는 이 시간 속에서, 수많은 엄마가 산후 우울증을 겪는 건 어쩌면 당연한 일이 아닌가 싶었고요.

그런데 여기서 기적 같은 일이 벌어졌습니다. 그토록 애틋한 아이를 두고 복직하던 날, 그 지긋지긋하던 회사가 전과는 180도 다르게 천국처럼 느껴지기 시작한 것입니다.

두 가지 고통의 균형으로 찾은 안정

주말 내내 아이에게 시달리느라 세수도 못 한 채 월요일 아침 회사에 도착했습니다. 탕비실에서 커피 한 잔을 내려서 자리에 앉았는데, 사무실을 감도는 그 고요와 적막이 그렇게 감사할 수가 없었습니다. 모니터 앞에 앉아 온전히 나의 일에 집중할 수 있는 시간, 누구의 엄마가 아니라 온전한 나로 대접받는 순간이 짜릿한 해방감으로 다가왔습니다.

업무가 줄어든 것도 아닙니다. 클라이언트들이 천사로 변한 것도 아닙니다. 변한 건 제 상황밖에 없는데, 오히려 이제야 균형추가 맞다는 듯 제 마음이 안정됐습니다. 저는 육아 덕분에 일에서 해방되었고, 역으로 일 덕분에 육아에서 해방된 셈이었습니다.

이 역설적인 메커니즘의 핵심은 성격이 다른 두 고통의 교차가 아닐까 합니다.

육아:	육체적으로 고되고, 단순 반복적이며, 경제적 보상은 없습니다. 하지만 정서적으로 충만하고, 무조건적인 사랑을 주고받으며, 많이 웃을 수 있습니다.
일:	정신적으로 고되고, 고도의 집중력을 요하며, 냉철한 성과를 요구합니다. 하지만 사회적 지위와 경제적 보상을 주고, '나'의 효능감을 확인할 수 있습니다.

이 두 가지 일은 정반대의 성격을 가집니다. 아이를 보기 전에는, 회사 일이 저를 짓누를 때 도망칠 곳이 없었습니다. 24시간 내내 일 걱정뿐이었으니까요. 하지만 아이가 생긴 후에는 회사에서 깨지고 힘들 때 아이 사진을 보면서 위로를 찾았습니다. 반대로 주말 내내 아이 꽁무니를 쫓아다니며 육체적으로 방전될 때쯤이면, '아, 내 사무실에 앉아 조용히 일하고 싶다'라는 생각이 간절해졌습니다. 이것은 단순한 도피가 아닙니다. 서로 다른 종류의 몰입이 뇌의 다른 영역을 자극하며 쉬게 해주는 원리에 가깝습니다.

가장 힘든 신생아 시기가 지나서 미화된 기억일 수도 있습니다. 하지만 분명한 건, 아이들이야말로 제가 일에 매몰되어 질식하지 않도록 삶의 중심을 잡아준 '무게추'였다는 사실입니다. 직장 생활에 신물이 났던 제가 오히려 더 건강하게 버틸 수 있었던 원동력은, 아이러니하게도 저를 가장 힘들게 했던 육아였습니다.

Ⅱ

좋아하는 공부는
지치지 않는다

인생의 궤도를 튼 결정적 우연, 통대 입시

주변의 생각과 달리, 저는 공부를 싫어합니다. 저에게 공부는 늘 수단이었습니다. 수능은 대학을 가기 위해, 사법시험은 변호사가 되기 위해 치러야 했던 통과의례였을 뿐, 공부 자체가 즐거웠던 적은 맹세코 단 한 번도 없습니다.

그런데 회사 6년 차, 우연히 통역사님을 보고 느꼈던 그 강렬한 호기심이 제 인생의 궤도를 틀어놓았습니다. 둘째를 출산하고 9개월간의 육아 휴직에 들어갔을 때, 집 근처에 통번역대학원 입시 학원이 있다는 사실을 알게 되었습니다.

국내에서 전문 통번역사로 활동하려면 대학원 졸업장이 필수라는 사실과 이를 위한 입시가 10~11월에 있다는 사실을 알게 된 순간, 제 머릿속에서 스케줄 검토가 절로 이뤄졌습니다.

'3월 출산, 12월 복직. 지금이 4월이니 시험까지 딱 6개월 남았다. 미친 척하고 도전해볼까?'

학원 원장님은 "6개월 만에는 힘들다"라며 고개를 저으셨지만, 제 귀에는 들리지 않았습니다. 저에게는 이 9개월이 신이 주신 처음이자 마지막 기회처럼 느껴졌습니다. 이번에 안 되면 복직해야 하고, 그러면 앞으로는 더더욱 도전하기 어려울 것이 뻔했으니까요.

난생처음으로 '해야 해서'가 아니라 '하고 싶어서' 선택한 목표였습니다.

"무조건 올해 합격한다" 그 어느 때보다 심장이 뛰었습니다.

20개월 첫째, 갓난쟁이 둘째, 그리고 수험생 엄마

3월 28일 조리원 퇴소, 4월 1일 인터넷 강의 수강 시작. 상황은 최악이었습니다. 한창 엄마 손이 필요한 20개월 첫째에, 하루 종일 울어대는 신생아 둘째가 있었습니다. 저는 3시간마다 모유 수유를 해야 했고, 만성적인 수면 부족으로 정신이 반쯤 나가 있었습니다.

그토록 고통스러웠다던 고시 공부 시절이 사치스럽게 느껴질 정도로 절대적인 시간이 부족했습니다. 시간을 쪼개고 또 쪼개야 했습니다. 수유 쿠션을 차고 아이에게 젖을 물리면서 단어장을 외웠고, 설거지하면서도 이어폰으로 자료를 들었습니다.

혹시 "오히려 좋아"라는 말을 아시나요. 순간에 닥친 자그마한 불행도 다가올 행복의 재료로 삼겠다는 말입니다. 이처럼 놀랍게도, 시간이 없으니 '오히려' 공부가 잘되었습니다. 하루 종일 공부만 할 수 있었던 고시생 시절에는 잡생각도 들고 슬럼프도 왔습니다. 하지만 지금은 아이들이 잠든 그 짧은 틈이 아니면 공부를 할 수 없기에, 책을 펴는 순간 무서운 속도로 몰입했습니다. 간절함이 만들어낸 기적 같은 집중력이었습니다.

무엇보다 놀라웠던 건, 이러면서도 공부가 재미있었다는 사실입니다. 애 둘을 키우며 잠도 못 자는 주제에, 통역 공부가 전혀 싫지 않았습니다.

모래시계에 꿀을 채우는 시간

8월부터는 학원 현장 강의를 들으며 처음으로 마이크를 잡고 통역을 해봤습니다. 긴장해서 목소리가 떨리고 식은땀이 흘렀지만, 수업이 끝나는 게 아쉬울 정도로 즐거웠습니다.

물론 저는 학원에서 1등이 아니었습니다. 평생 공부로는 1등을 놓친 적 없던 저에게는 사실 꽤 생경한 일이기도 했지만, 아무렵 어땠겠습니까. 재미있으니까 더 잘하고 싶었고, 잘하고 싶으니 스펀지처럼 모든 지식을 흡수할 수 있었습니다.

사법시험을 준비할 때, 저는 일기장에 "시간이 너무 안 간다. 모래시계에 꿀을 넣어둔 것 같다"고 썼습니다. 하루하루가 그만큼이나 지옥 같았습니다. 하지만 통대 입시를 준비하던 6개월은 정반대였습니다. 몸은 부서질 듯 힘들었지만, 마음 같아서는 시험이 끝나도 지금처럼 계속 공부해도 괜찮겠다는 확신이 있었습니다.

11월 말, 합격자 발표 날. 저는 또 한 번 눈물을 쏟았습니다. 사법시험 합격 때는 "이제 이 지옥에서 벗어날 수 있다"라는 안도감의 눈물이었다면, 이번에는 순수하게 벅차오르는 기쁨의 눈물이었습니다.

길거리에서 합격 확인을 하고 멍하니 서 있던 그 순간을 잊지 못합니다. 정말로 좋아서 하는 공부는 이토록 재밌을 수 있구나 하는 감각, 이것은 평생 타의에 의한 공부만 해왔던 저에게 엄청난 충격이자 깨달음이었습니다.

삶의 밀도는 하고 싶은 일을 할 때 높아진다

누가 시키지 않아도 더 알고 싶고, 밤을 새워도 피곤한 줄 모르는 상태. 그것이 바로 몰입이죠. 고시 공부는 제 피를 말렸지만, 통역 공부는 잠들어 있던 제 적성을 일깨워줬습니다. 비록 육아와 병행하느라 절대적인 시간은 부족했지만, 그 시간의 밀도만큼은 제 인생에서 가장 농밀했습니다.

결국 제가 안정된 로펌을 박차고 나오고 새로운 도전을 택하게 된 가장 큰 이유도 여기에 있습니다. 공부가 이토록 재밌을 수 있다는, 이 단순하고도 강력한 마력을 알아버렸기 때문입니다. 맛있는 것을 먹어본 사람이 그 맛을 못 잊듯, 몰입의 즐거움을 맛본 저는 다시 예전의 건조한 삶에 머물러 있기 쉽지 않았습니다.

III

계급장을 떼고
‘0’으로 돌아갈 용기

14년 만의 리셋, 10학번에서 24학번으로

8년간의 직장 생활을 뒤로하고 저는 다시 대학원생이 되었습니다. 이제는 어디 가서 말하기도 민망한 10학번이라는 꼬리표를 떼고, 파릇파릇한 24학번으로 세탁했죠. 학부 시절 전공 공부에 흥미가 없어 곧장 고시 공부에 청춘을 투자하기로 했던 제가, 전혀 다른 캠퍼스에 14년 만에 제 발로 걸어 들어오게 된 것입니다.

오랜만에 만나는 직장 동료나 친구들이 묻습니다. "학교 돌아가니까 좋아?" 그럴 때면 저는 "미쳤다" 소리를 들을 각오로 답합니다. "학교가 아니라 공부가 좋아."

물론 찌든 직장 생활을 벗어나 캠퍼스의 낭만을 즐기는 기분도 좋습니다. 20대의 젊음과 열정이 가득한 교정을 거니는 것만으로도 힐링이 되니까요. 하지만 제가 느끼는 희열의 본질은 도피와 거리가 있습니다. 애초에 퇴사할 시점의 저는 회사가 싫어서 도망친 게 아니었으니까요.

　통번역대학원은 낭만적인 캠퍼스 라이프와는 거리가 멉니다. 치열한 입시 경쟁을 뚫고 들어온 곳인 만큼, 수업, 예습, 복습, 과제, 그리고 학생들끼리 매일 진행하는 통역 스터디까지 숨 쉴 틈 없는 일정이 이어집니다. 게다가 동기 중 유일하게 '엄마'로서의 삶까지 병행해야 했으니, 물리적인 시간은 고시생 시절보다 더 부족했습니다.

　그럼에도 불구하고, 저는 행복했습니다. 10여 년 만에 중간고사와 기말고사를 준비하며 밤을 새우는 그 고단함마저 사랑스러웠습니다. 남이 시켜서 하는 야근이 아니라, 내가 원해서 하는 밤샘이었기 때문입니다.

나랑 비슷한 별종들을 만나는 기쁨

　입학 전 가장 걱정했던 건 공부가 아니라 인간관계였습니다. 입시 공부는 철저히 혼자 했기에 어떤 사람들이 동기가 될지 전혀 알 수 없었습니다. 나이 차이도 많이 날 테고, 변호사 출신이라는 튀는 이력 때문에 겉돌지 않을까, 잘 어울릴 수 있을까 걱정이 앞섰습니다.

하지만 기우였습니다. 같은 목표를 위해 모인 사람들은 하나같이 순수하고 열정적이었습니다. 무엇보다 저와 결이 맞는, 소위 '말이 통하는' 사람들을 만나 벅찬 마음이 들었습니다.

이전 직장에서는 어디에서든 '영어 잘하는 사람' 하면 제가 꼽혔습니다. 하지만 이곳에서는 아니었습니다. 저보다 훨씬 영어를 잘하는 친구들이 널려 있었습니다. 첫 수업 자기소개 시간, 누구 하나 빠질 것 없이 유창한 영어를 구사하는 동기들을 보며 주눅이 들기도 했습니다.

하지만 곧 그 열등감은 동지애로 바뀌었습니다. 예전에는 직장 동료들과 영어 단어의 미묘한 뉘앙스나 더 좋은 표현에 대해 토론할 일이 없었습니다. 그런 이야기는 "피곤하게 산다"라는 핀잔을 듣기 딱 좋았으니까요.

하지만 여기서는 그렇지 않았습니다. 매일 수업과 스터디에서 복잡한 문장의 구조를 뜯어보고, 이 상황에 딱 맞는 단어를 찾기 위해 머리를 맞댔습니다. 마음은 굴뚝같은데 좀처럼 늘지 않는 실력을 함께 비관하고, 꼬인 문장을 함께 욕하며 농담을 주고받았습니다.

"야, 이 단어 진짜 안 외워지지 않아?", "이 문장 구조 진짜 변태 같다."

이런 대화를 나눌 수 있는 동료들이 있다는 것. 유별난 관심사를 공유하고 서로 건설적인 비평을 주고받을 수 있는 집단에 속해 있다는 것. 그것은 외로운 섬처럼 살던 저에게 찾아온 최고의 행운이었습니다.

과거의 경험은 배신하지 않는다

물론 현실적인 두려움도 있었습니다. 한 변호사 선배님께서 "영어라면 내로라하는 사람들이 모인 곳이다. 살아남기 쉽지 않을 것"이라고 조언해주셨을 때, 덜컥 겁이 났습니다. 입시에는 합격했지만, 과연 내가 이 치열한 곳에서 경쟁력이 있을까?

하지만 좋아하니까 잘하고 싶고, 잘하고 싶으니 노력하게 되더라고요. 다행히 저에게는 남들이 없는 무기가 하나 있었습니다. 바로 8년간 수만 페이지의 난해한 법률 문서를 읽으며 갈고 닦은 문해력이었습니다.

입학 전에는 영어를 원어민처럼 구사할 수 있다면 통역이 꽤 수월하지 않을까 생각했습니다. 하지만 공부할수록 깨닫는 점이 있었습니다. 통역의 본질은 언어 구사력이 아니라, 텍스트의 논리를 꿰뚫어 보는 문해력에 있다는 것을요. 법조계에서는 숨 쉬듯 당연하게 여겨졌던 그 집요한 텍스트 분석 능력이, 통역 공부에서는 엄청난 자산이 되었습니다.

문해력과 집중력, 그리고 늦깎이의 절박함이 더해진 덕분에 저는 3학기 내내 장학금을 놓치지 않을 수 있었습니다. 과거의 경험은 사라지지 않습니다. 전혀 다른 분야로 넘어와도, 우리가 치열하게 쌓아온 내공은 반드시 어떤 형태로든 발현되어 나를 돕습니다. 이것을 믿어야 합니다.

타이틀이 없어도 나는 '나'

아직 저는 학생이고, 통역사로서의 경력은 미미합니다. 별다른 수사가 필요 없는 '김앤장 변호사' 타이틀에 비하면, 통역사로서의 제 명함은 아직 초라하기 그지없습니다. 심지어 통역 의뢰가 들어왔다가도 제 이력을 보고 부담스럽다며 발길을 돌리는 고객도 있을 정도죠.

이제 저는 8년간 쌓았던 과거의 영광을 뒤로하고, 바닥에서부터 다시 저를 증명해야 하는 처지입니다. 그런데 참 재밌습니다. 저는 화려한 명함을 가졌던 3년 전보다, 아무것도 없는 지금이 훨씬 더 자신감이 넘칩니다.

과거의 자신감이 내가 국내 최고 로펌의 변호사라는, 언제든 사라질 수 있는 외부적 지위에서 나왔다면, 지금의 자신감은 내가 정말 좋아서 선택한 길을 가고 있다는 내면의 확신에서 나오기 때문입니다.

한번 안정된 울타리를 제 발로 걸어 나와보니 알겠습니다. 울타리 밖도 사람 사는 곳이고, 생각보다 무섭지 않다는 것을요. 한번 어려운 선택을 해봤으니, 앞으로 인생에서 어떤 선택의 기로에 서더라도 쫄지 않고 나아갈 수 있을 것 같습니다.

과거에는 한 번도 가보지 않은 길이 두려움의 대상이었다면, 이제는 설렘의 대상입니다. 통번역대학원에서의 2년은 단순히 기술을 배우는 시간이 아니었습니다. 정해진 궤도에서 달리기를 그만두고 난생처음 온전히 나의 의지로 삶을 꾸려본 실험이자 증명의 시간이었습니다.

갓 졸업한 지금, 앞날은 여전히 불투명합니다. 제 기대만큼 일이 잘 풀리지 않을 수도 있겠죠. 하지만 설령 실패한다 해도, 지난 2년의 시간이 무의미해지는 것은 아닙니다. 저는 이 시간을 통해 오롯이 홀로 서는 법을 배웠으니까요.

인생에는 결정적인 변곡점이 되는 하루들이 있습니다. 저에게는 통번역대학원 합격자 발표를 확인했던 그날이 그랬습니다. 그날 이후, 제 인생의 주어는 '남들이'에서 '내가'로 바뀌었습니다.

사법시험을 준비할 때, 저는 일기장에

"시간이 너무 안 간다. 모래시계에 꿀을 넣어둔 것 같다"고

썼습니다. 하지만 통대 입시를 준비하던 6개월은 정반대였습니다.

몸은 부서질 듯 힘들었지만, 마음 같아서는 시험이 끝나도

지금처럼 계속 공부해도 괜찮겠다는 확신이 있었습니다.

한번 안정된 울타리를 제 발로 걸어 나와보니 알겠습니다.

울타리 밖도 사람 사는 곳이고, 생각보다 무섭지 않다는 것을요.

한번 어려운 선택을 해봤으니,

앞으로 인생에서 어떤 선택의 기로에 서더라도

겁내지 않고 나아갈 수 있을 것 같습니다.

3부.

지속의 기술:
두 가지 엔진을
함께 쓰는 법

7장.

나침반:

내가
원하는 걸
정확히
아는 법

나를 아는 것, 가성비 최고의 인생 전략

"너 자신을 알라"라는 말의 진짜 의미

"너 자신을 알라", 고대 그리스의 철학자 소크라테스가 했다고 알려진 이 격언을 모르는 사람은 없을 겁니다. 그런데 부끄러운 고백을 하나 해보자면, 저는 들을 때마다 궁금했습니다. 나 자신이란 뭘까 하고요. 내 이름? 내 마음? 아니면 내 영혼?

어릴 때부터 귀에 딱지가 앉도록 듣는 자아실현이나 "나답게 산다"는 말도 마찬가지입니다. 자아라는 단어부터가 모호하기 짝이 없는데 그걸 실현하라니, 제게는 그 말들이 뜬구름 잡는 소리처럼 들렸습니다. 그러니 저 오랫동안 이 말들의 진짜 의미를 모르고 산 셈입니다.

그러던 저도 어느 시점에 이르러 제 나름 '자신'에 대한 정의를 내리게 되었는데요. 인생의 여러 시행착오 끝에 제가 내린 정의는 아주 단순합니다. 나를 안다는 것은 내 취향과 한계를 아는 것입니다.

철학적이거나 거창한 이야기가 아닙니다. 내가 무엇을 좋아하고 싫어하는지, 어떤 상황에서 스트레스를 받거나 동기를 얻는지, 나는 당근과 채찍 중 어느 쪽에 반응하는 사람인지… 이 수많은 데이터베이스를 구축하는 과정이 바로 '나'를 알아가는 과정이 아닐까 합니다.

인생은 결국 나라는 존재를 채워가는 과정입니다. 어릴 때는 "엄마가 좋아", "커서 과학자가 될 거야" 같은 단순한 데이터로 시작하고, 자라면서 "나는 간섭받는 게 싫어", "안정보다는 도전이 좋아", "결혼은 필수가 아니야" 같은 고차원적인 데이터도 쌓입니다. 이 데이터가 정교할수록 우리는 더 나은 선택을 할 수 있게 됩니다.

음식 취향이나 패션 같은 건 쉽게 알 수 있습니다. 하지만 인생을 좌우하는 질문들, 예컨대 "왜 나는 아이를 많이 낳고 싶어 할까?", "왜 안정적인 로펌을 그만두고 싶을까?", "돈도 안 되는 유튜브를 왜 할까?" 같은 질문에 답하는 건 그렇게 쉽지 않습니다.

그렇다면 왜 기어코 답하기 어려운 질문에 맞는 답을 집요하게 궁리해야 할까요? 단순히 철학적 만족감을 위해서는 아닙니다. 적어도 제가 판단하기에는, 나를 아는 것이야말로 행복의 질을 높이기 위한 가장 현실적인 기술이라 보이기 때문입니다.

300만 원으로 최고의 여행을 만드는 법

행복에는 조건이 필요합니다. 건강, 돈, 인간관계, 취미 등 보편적인 기준들이 있죠. 누구나 건강하고 싶고, 부자가 되고 싶고, 사람들과 좋은 관계를 맺고 싶어 합니다. 문제는 우리의 자원이 한정적이라는 데 있습니다. 시간도, 돈도, 체력도 무한하지 않습니다. 모든 것을 다 가질 수는 없습니다. 여기서 '나를 아는 힘'이 필요해집니다.

예를 들어, 예산 300만 원으로 해외여행을 가야 한다고 해봅시다. 이 돈으로 특급 호텔 숙박, 비즈니스 클래스 항공권, 미슐랭 레스토랑 식사를 모두 누릴 수는 없습니다. 그런데 돈이 넉넉하지 않더라도 여행을 포기할 필요는 없지 않겠습니까? 주어진 예산 내에서 나에게 최고의 만족감을 주는 조합을 짜면 됩니다. 이때 필요한 것이 바로 나에 대한 데이터입니다.

A 타입	"나는 잠자리가 예민해. 먹는 건 편의점 샌드위치로 때워도 되지만, 잠은 무조건 5성급 침대에서 자야 해." → 식비를 줄이고 숙소에 올인합니다.
B 타입	"나는 미식가야. 잠은 게스트하우스 2층 침대에서 자도 상관없지만, 현지 유명 레스토랑은 꼭 가야 해." → 숙박비를 아껴 식도락에 투자합니다.

남들이 "여행은 호캉스지"라고 말해도 나에게 맞지 않으면 소용없습니다. 반대로 남들이 "여행 가서 먹는 게 남는 거"라고 해도 내가 입이 짧은 사람이라면 낭비일 뿐입니다. 내가 정말 무엇을 바라는지는 오직 나만이 알고 있습니다.

꼭 여행이 아니라 인생도 그렇지 않겠습니까. 누군가는 100억 원을 벌어야 성공이라지만, 나는 적당히 벌고 저녁이 있는 삶이 더 행복할 수 있습니다. 누군가는 의사가 최고라지만, 나는 내 손으로 빵을 굽는 게 더 행복할 수 있습니다.

나를 모르면 남들이 좋다는 기준에 휘둘리게 됩니다. 남들 따라 명품 백을 샀는데 막상 기쁘지 않고, 남들 따라 대기업에 갔는데 불행한 이유는, 내 인생이라는 자원을 엉뚱한 곳에 썼기 때문입니다.

이기적인 선택이 아닌, 전략적인 선택

시간이라는 자원도 마찬가지입니다. 특히 어른이 될수록 책임질 게 많아져 시간은 더욱 희소해집니다. 퇴근 후 녹초가 된 몸으로 운동을 갈 것인가, 쇼츠를 보며 쉴 것인가? 주말에 아이들과 놀아줄 것인가, 나만의 시간을 가질 것인가? 끊임없는 선택의 연속입니다.

저는 종종 이기적이라는 소릴 들을 만한 선택을 하곤 합니다. 주말에 아이들을 잠깐 맡겨두고 운동으로 폴댄스를 하러 가거나, 아이들과 보내는 시간만큼이나 저의 휴식과 자기계발을 중요시합니다. 보기에 따라 "애들 놔두고 네 취미생활 하면 편하냐" 싶을지도 모릅니다. 하지만 이것은 충동적인 결정이 아닙니다. 저라는 사람의 한계를 정확히 파악한 뒤 내린, 전략적 선택입니다.

저는 압니다. 제가 나 자신을 희생하며 24시간 아이들에게만 매달린다면, 저는 금세 지치고 예민해져서 결국 아이들에게 짜증을 내는 엄마가 될 거라는 사실을요. 반면, 잠시 떨어져서 운동하며 땀을 흘리고 에너지를 충전하고 오면, 비록 함께하는 시간은 줄어들지언정 함께하는 시간에 아이들에게 훨씬 다정하고 온전한 엄마가 될 수 있습니다.

제가 운동하러 가는 것은 아이들을 사랑하지 않거나 내 삶이 아이들보다 소중하기 때문이 아닙니다. 오히려 아이들을 더 건강하게 사랑하기 위해, 저에게 맞는 삶의 균형점을 맞춰가는 저만의 방법입니다.

이처럼 내가 어떤 사람인지, 나의 한계는 어디까지인지, 무엇이 나를 회복시키는지를 정확히 알면 죄책감 없이 나를 위한 선택을 할 수 있습니다.

남들의 시선은 중요하지 않습니다. 모두가 "의대 가면 행복해"라고 해도 내게 그 길이 맞지 않다면 결코 행복할 리 없습니다. 돈으로 살 수 없는 행복이 있다고들 하지만, 내가 돈 쓰는 맛에 사는 사람이라면 돈을 많이 버는 직업을 택하는 게 맞습니다.

정답은 없습니다. 오직 '나만의 행복 조합'이 있을 뿐입니다. 핵심은 '나만의'에 있습니다. 내 인생의 한정된 자원을 어디에 쏟아부어야 가장 만족스러울지, 그 답을 낼 수 있는 사람은 세상에 단 한 명, 바로 자기 자신뿐입니다.

II
의심스러울 때는
해보는 쪽이 낫다

검색창에 '나'를 쳐봐야 결과는 나오지 않는다

제 나름대로 "나 자신을 알라"라는 말의 의미는 어렴풋하게나마 알게 되긴 했는데, 이제 이를 구체적으로 어떻게 알 수 있을지가 새로운 문제로 떠올랐습니다. 안타깝게도 인생은 검색창이 아니라 "내 취향이 뭘까?"라고 검색할 곳이 따로 없으니까요. 심지어 가장 단순해 보이는 음식이나 영화 취향조차 고정값이 아니죠.

고수 냄새도 못 맡던 사람이 베트남 여행에서 먹은 완벽한 쌀국수 한 그릇에 '고수 마니아'가 되기도 하고, 시끄러운 페스티벌을 즐기던 사람이 어느 순간 집에서 조용히 듣는 LP판 사운

드에 큰 안정을 느끼기도 합니다. 이처럼 취향은 환경과 경험, 시기에 따라 끊임없이 변합니다. 하물며 인생의 중차대한 문제들은 오죽할까요. 결혼, 진로, 유학 같은 선택지 앞에서는 더욱 막막해집니다.

"지금은 혼자가 편한데, 30년 뒤에도 독신으로 행복할까?", "지금 직장도 나쁘지 않은데, 퇴사하고 유학을 가면 더 행복해질까?"

이 질문들이 어려운 이유는 정답이 없기 때문이기도 하지만, 한 번 결정하면 되돌리기 어렵다는 비가역성과 경제적, 사회적 조건들이 복잡하게 얽혀 있기 때문일 것입니다.

너무 번거롭고 때로는 버겁기까지 하지만, 좋든 싫든 우리는 끊임없이 '나'를 업데이트해야 합니다. 그때그때 바뀌는 옷 취향처럼 가볍게 바꿔도 상관없는 부분이 있는가 하면, 무엇인지 잘 파악해 두어야 훗날 후회하지 않을, 쉬이 흔들리지 않는 '핵심 가치관(Core Value)'도 있습니다

저의 경우, 부모님은 커리어를 중시하셨지만 저는 어릴 때부터 '나만의 단란한 가정'을 갈망했습니다. 그 결과 25살이라는 다소 이른 나이에 결혼을 택했고, 지금도 그 결정을 후회하지 않습니다. 가족을 놓치고 싶지 않은 사람이라는 것을, 제 스스로 파악하고 있었기에 가능한 확신이었습니다.

고민할 시간에 일단 저질러야 하는 이유

문제는 아무리 머리를 싸매고 고민해도 뭐가 맞는지 모르겠는 경우입니다. 특히 진로 영역에서 많은 청춘이 "하고 싶은 게 없다"며 방황합니다. 우리나라의 경제 수준은 선진국 반열에 올랐지만, 행복도는 바닥을 깁니다. 왜 그럴까요? 제 경우를 비추어보면 아무래도 돈이 없어서라기보다는, '나만의 행복 조합'을 찾지 못했기 때문이 아닐까 합니다.

자신이 바라는 바를 명확히 하지 못한 채 무작정 모두가 선망하는 길을 무작정 따라가고, 목적이 분명치 않은 채로 치열한 경쟁 대열에서 이리저리 치이며, 그 어려운 경쟁에서 살아남아 그 길의 끝에 도착하고 보니, 막상 내 길이 아님을 깨닫고 공허해하는 것입니다.

로펌을 퇴사하고 통번역대학원에 간다고 했을 때, 친구들에게 가장 많이 들었던 말은 의외로 "부럽다"였습니다. 한국에서 첫손에 꼽히는 직장에 다니는 그들이 부러워한 건 저의 새로운 진로가 아니라, '원하는 것을 찾아서 실행하는 용기'였던 것 같습니다. 그만큼 많은 사람이 자신을 잘 모르거나, 알면서도 모른 척하며 남의 기준에 맞춰 살고 있다는 방증이 아닐까 합니다.

자아 성찰도 중요하지만, 책상물림만으로는 한계가 있습니다. 내가 무엇을 좋아하는지 알아내는 가장 확실하고 빠른 방법은 직접 해보는 것입니다. 학교 교육 과정만으로는 부족합니다. 저만 해도 국어와 외국어 과목을 좋아했지만, 그것이 통역사라는 구체적인 직업으로 연결될 줄은 꿈에도 몰랐습니다. 만약 지금처럼 AI가 발달했다면 챗GPT나 제미나이 등에게 물어봐서 힌트라도 얻었겠지만, 우리 인생은 직접 부딪혀보지 않으면 알 수 없는 데이터로 가득합니다.

댄스 동아리가 가르쳐준 것들

그러니 갈피를 못 잡겠다면, 저는 단호하게 말하고 싶습니다. "의심스러우면 일단 해보는 게 좋습니다."

카페 알바든, 국토대장정이든, 봉사활동이든 상관없습니다. 그 경험이 당장 스펙 한 줄, 돈 한 푼으로 연결되지 않아도 괜찮습니다. 대신 그러한 경험만이 내가 그 일을 '좋아하는지, 싫어하는지'를 판단하게 해주는 확실한 근거가 됩니다.

제 이야기를 해보자면 저는 수능이 끝나자마자 댄스 학원에 등록했고, 대학 때는 댄스 동아리 활동을 했습니다. 사법시험 합격, 로펌 변호사라는 제 커리어와 춤은 아무런 상관이 없습니다. 이력서에 한 줄 쓸 수도 없는 잉여 활동처럼 보입니다. 하지만 저는 그 경험을 통해 이전에는 알지 못한 제 자신의 다른 모습들을 알게 되었습니다.

나는 건강하고 아름다운 몸을 가꾸는 데 관심이 많구나.

나는 춤을 정말 못 추는 몸치구나. (재능의 한계 인정)

하지만 죽어라 연습하면 어느 정도는 되는구나. (노력의 효능감)

공연 하나를 올리기 위해 얼마나 많은 협업과 땀이 필요한지 알겠다.

나에 대한 새로운 앎들은 훗날 제가 유튜브를 시작할 때, 폴댄스라는 취미에 정착할 때, 그리고 대중 앞에 설 기회가 생겼을 때 어떤 선택을 할지에 대한 결정적인 단서가 되었습니다. 제가 댄스 동아리에 들어간 건 거창한 깨달음을 얻기 위해서가 아니었습니다. 그저 '해보고 싶어서'였습니다. 그걸로 충분했습니다.

해보고 싶은 게 있다면 그냥 해보면 됩니다. 설령 그 일이 실패로 끝나거나 내 적성이 아니란 걸 확인하게 되더라도, 그것은 실패가 아니라 '나와 맞지 않는다는 데이터'를 확보하는 귀중한 과정이 되어줄 것입니다.

아무것도 하지 않으면 어떤 것도 알 수 없습니다. 고민할 시간에 한 번 해보는 편이 낫지 않을까요. 그리고 이런 시도와 실행만이 내 진짜 경험치로 쌓입니다.

III

'원래의 나'에
갇히지 말 것

있는 그대로의 나 vs 되고 싶은 나

앞서 제가 강조한 '나를 찾는다'는 말은 자신의 본성을 잘 알게 되다는 뜻이었습니다. 외부의 압력이나 조건 없이, 가장 자연스러운 상태의 내가 원하는 목소리를 따를 때 행복에 가까워질 수 있다는 생각이죠.

그런데 여기서 한 가지 딜레마가 생깁니다. 나는 분명 A라는 사람이지만, B와 같은 사람이 되고 싶을 때는 어떡해야 할까요?

이 B의 조건이 키가 더 커지고 싶다거나 재벌 2세가 되고 싶다는 식의, 애당초 불가능한 기준이라면 깨끗이 포기하는 게 맞습니다. 하지만 노력 여하에 따라 충분히 도달할 수 있는 영역이라면 이야기가 달라집니다. '나답게 산다'는 이유로 굳이 현재의 모습에 안주할 필요는 없지 않겠습니까.

저는 어릴 때 소심하고 내향적이었습니다. 내향인이라 하면 '혼자만의 시간에서 에너지를 얻는 사람'으로 정의되지만, 제 경우는 조금 달랐습니다. '타의에 의한 내향인'이었달까요. 혼자 있는 게 좋아서가 아니라, 사람들 틈에서 활발하게 어울리고 싶고 인기도 있고 싶었지만, 그 방법을 모르거나 매력이 없다고 생각해 쭈그려 있었던 것에 가까웠습니다. 쓰고 보니 내향보다는 내성적이었다고 볼 수도 있겠네요.

선생님과 스스럼없이 장난치고, 친구들을 몰고 다니며 왁자지껄 떠드는 아이들이 부러웠습니다. 저는 쑥스러움이 많아 늘 한 발짝 뒤로 물러나 있었습니다. 그렇지만 제 내면의 욕망은 확실했습니다. 저는 외향적이고 적극적인 사람이 되고 싶었습니다. 에너지를 어디서 얻느냐를 떠나서, 더 많은 사람과 교류하고, 기쁨과 슬픔을 나누고, 더 넓은 세상을 경험하는 데에는 적극적인 태도가 훨씬 유리해 보였기 때문입니다.

그래서 저는 제 본성을 거슬러 살아보기로 했습니다.

가면을 쓰다 보면 어느새 얼굴이 된다

고등학교 때까지의 친구 관계는 선택이라기보다는 자연발생에 가깝습니다. 학교와 학원이라는 좁은 울타리 안에서, 우연히 옆자리에 앉거나 집 방향이 같은 아이들과 자연스럽게 친해집니다. 별다른 노력을 하지 않아도 친구는 생기고, 관계에 목적성을 찾을 필요도 크게 없습니다.

하지만 대학생이 되면 친구 관계의 룰이 바뀝니다. 이전과 달리 모든 관계가 개척해야 하는 영역으로 변합니다. 강의실을 옮겨 다니니 옆자리 친구는 매번 바뀌고, 적극적으로 나서지 않으면 '아싸'가 되기도 합니다. 반면 마음만 먹으면 타과생, 선후배, 타 학교 학생까지 관계를 확장할 수 있는 시기이기도 합니다.

공부만 하느라 수동적인 관계 맺기에 익숙했던 저에게, 이 변화는 공포 그 자체였습니다. '굳이 잘 모르는 선배에게 밥 사달라고 해야 하나?', '안 친한 애한테 먼저 연락해서 약속을 잡아야 하나?' 쑥스럽고 부담스러웠습니다.

이때 만약 제가 '편안한 나'의 범주에 머물렀다면, 그저 우연히 동선이 겹친 몇몇 친구와 좁고 깊은 관계를 맺으며 살았을 것입니다. 그것도 나쁘지 않은 삶이었겠지만 저는 '사람들과 잘 어울리는 사람'이 되고 싶다는 열망에 따라 움직여보기로 했습니다.

일단 약속을 잡고, 만나고, 모임에 나갔습니다. 처음에는 어색하고 피곤했습니다. 겉도는 기분이 들기도 했고 개중에는 지금 연락도 하지 않는, 스쳐 지나가는 인연들도 많았습니다. 그렇게 '인싸'를 연기하며 보낸 시간이 15년 가까이 쌓인 지금, 저는 완전히 다른 사람이 되었습니다. 예전에는 '실수하면 어쩌지?', '나를 싫어하면 어쩌지?'라며 전전긍긍했다면, 지금은 모르는 사람에게 말을 거는 게 크게 불편하지 않습니다.

과거의 저는 '친구 많고 인기 있는 모습' 자체를 동경해서 흉내 냈을 뿐입니다. 그런데 그 행동을 반복하다 보니, 어느새 정말로 그런 사람이 되어 있었습니다. 그 과정에서 인간관계의 즐거움을 깨닫게 된 것입니다.

MBTI도 바꿀 수 있다

저는 여전히 제가 내향인인지 외향인인지 헷갈립니다. 내향적인 본성을 후천적인 사회화 훈련으로 잘 포장한 것일지도 모릅니다. 하지만 적어도 지금 MBTI 검사를 하면 저는 확실한 E가 나옵니다.

대학 시절의 그 의식적인 노력 이후, 사법연수원이나 로펌, 그리고 지금의 대학원 생활에 이르기까지 저는 사람들에게 먼저 다가가는 것을 주저하지 않게 되었습니다. 오래 잊고 지낸 친구에게 뜬금없이 안부 전화를 거는 사람이 되었습니다.

저는 여전히 '나를 찾는 것'이 중요하다고 여깁니다. 그런 동시에 '나를 만드는 것'도 그만큼 중요하다고 믿습니다. "나는 원래 이런 사람이야"라는 말로 자신의 가능성을 가둘 필요는 없으니까요.

물론 변하지 않는, 혹은 바꾸기 힘든 기질도 있습니다. 저는 욕심이 많고, 책임감이 과할 정도로 강하며, 작은 일에도 쉽게 스트레스를 받습니다. 계획이 틀어지는 것을 병적으로 싫어합니다. 이런 기질은 워낙 뿌리가 깊어 억지로 바꾸려 하면 오히려 탈이 납니다. 이런 부분은 '아, 내가 좀 예민하구나' 받아들이고, 마음을 보듬는 편이 낫습니다.

하지만 분명 극복 가능한 영역도 있습니다. 저는 과거에 꽤 의존적인 사람이었지만, 부단한 노력 끝에 지금은 독립적인 사람이 되었습니다. 여전히 대중 앞에서 발표하는 것을 아주 반기지는 않지만, 자꾸 무대에 설 일이 있다 보니 이제는 피하기보다 그 떨림을 즐기기 위해 애쓰는 중입니다.

나의 모습 중 마음에 들지 않는 면이 있나요? 그렇다면 현재의 모습에 안주하기보다는 자신이 바라는 모습을 그려보고, 그렇게 행동해보길 권합니다. 행동이 바뀌면 생각이 바뀌고, 생각이 바뀌면 성격이 바뀝니다.

원래의 나를 부정하라는 게 아닙니다. 원래의 나 위에, 내가 바라는 나의 모습을 덧입혀 더 근사한 사람으로 거듭나는 것. 그것이 진정한 의미의 자기 이해이자 성장일 것입니다.

행복에는 조건이 필요합니다.

건강, 돈, 인간관계, 취미 등 보편적인 기준들이 있죠.

문제는 우리의 자원이 한정적이라는 데 있습니다.

모든 것을 다 가질 수는 없습니다.

여기서 '나를 아는 힘'이 필요해집니다.

정답은 없습니다.

오직 '나만의 행복 조합'이 있을 뿐입니다.

핵심은 '나만의'에 있습니다.

내 인생의 한정된 자원을 어디에 쏟아부어야 가장 만족스러울지,

그 답을 낼 수 있는 사람은 세상에 단 한 명,

바로 자기 자신뿐입니다.

8장.

실험:

완벽한
계획보다는
어설픈
실행을

I

인생의 복선은
'딴짓'에서 만들어진다

퇴사 부스터로서의 유튜브

타의에 떠밀려 들어선 법조계, 그리고 우연히 마주친 통역이라는 새로운 세계… 제 인생의 굵직한 선택들은 나름의 논리적 개연성을 가지고 있습니다. 그런데 여기에 '유튜버'라는 이력은 뜬금없다 못해 이질적이기까지 합니다.

솔직히 고백하자면, 유튜브를 시작할 때 거창한 비전이나 사명감 같은 건 없었습니다. 통번역대학원 입시 때처럼 목숨 걸고 매달린 것도 아니었습니다. 그저 저도 여느 사람들처럼 관심받기를 좋아하고, 제 이야기를 드러내는 데 거리낌이 없는 '관종끼'가 좀 있었을 뿐입니다.

10여 년 전부터 유튜브는 기회의 땅이었습니다. 평범해 보이는 사람들이 영상을 통해 자신을 브랜딩하고, 팬을 모으고, 경제적 자유를 얻는 모습을 보며 막연한 부러움을 느꼈습니다.

'사법시험 최연소 합격에, 아이 둘 낳고 10년째 폴댄스 하는 변호사. 이 정도면 소재는 충분하지 않아?', '내가 하면 잘될 거 같은데?'

친구들도 제 근거 없는 자신감에 "너 같은 캐릭터가 유튜브 해야지"라며 바람을 넣었습니다. 물론 어디까지나 술자리 안줏거리였죠. 보수적인 로펌 업계에서, 그것도 보안 유지가 생명인 대형 로펌 변호사가 사생활을 노출하며 유튜브를 한다는 건 실제로는 상상하기도 하기 어려운 일이었으니까요. 게다가 저는 영상 편집 툴은커녕 카메라로 영상도 제대로 찍어본 적 없는 기계치이기도 했고요.

그렇게 '언젠가 해보고 싶다'는 망상에 그쳤던 유튜브가 현실이 된 건, 아이러니하게도 퇴사 고민 때문이었습니다. 통번역대학원 합격 후 1년간의 휴학 기간, 저는 매일 밤 퇴사 여부를 놓고 치열하게 고민했습니다. 안정된 직장을 버리는 게 너무 두려웠습니다. 그러던 어느 날 밤, 문득 생각이 스쳤습니다.

"유튜브 해볼까?"

당장의 진로 고민과는 아무 상관 없는 뚱딴지같은 생각이었지만, 순식간에 마음이 기울었습니다. 퇴사라는 무거운 결정을 내리기에 앞서, 뭐라도 저질러보고 싶었습니다. 어쩌면 "나 유튜브도 시작했으니까, 이제 진짜 회사 눈치 안 보고 나갈 거야!"라는 배수의 진을 치고 싶었는지도 모릅니다. 즉, 저에게 유튜브는 꿈을 위한 도전이라기보다, 퇴사를 확정 짓기 위한 '퇴사 부스터'에 가까웠습니다.

"안 할 이유가 없을 것 같은데요?"

마음을 먹었고 말을 해봤지만 여전히 두려웠습니다. "변호사가 무슨 유튜브냐"라는 비난을 들을까 겁이 났고, 망하면 어쩌지 하는 걱정도 앞섰습니다. 결국 저는 어딘지 말이 잘 통할 것 같은 유명 유튜버에게 컨설팅까지 받기로 했습니다. 메일로 한 줄 한 줄 구구절절 제 상황을 설명하고 이런 제가 유튜브를 해도 될지 하는 바보 같은 질문을 던졌을 때, 돌아온 답은 명쾌했습니다.

"안 할 이유가 없을 것 같은데요?"

머리를 한 대 맞은 기분이었습니다. 평생 정해진 정답만 찾아다니던 저에게, 그 말은 그 어떤 응원보다 강력했습니다. 그래, 잃을 게 뭐가 있어? 안 할 이유가 없잖아?

그 길로 채널을 개설했습니다. 기획부터 촬영, 편집, 썸네일 제작까지 모든 걸 혼자 했습니다. 초보라 영상 하나 만드는 데 꼬박 며칠이 걸렸고, 일주일에 한 번씩은 밤을 새워야 했습니다. 안 그래도 학교생활과 육아로 허덕이는 와중에 유튜브까지 병행하는 건 미친 짓에 가까웠습니다.

그런 고생이 무색하게도 혹시나 하고 기대하던 '떡상'은 당연히 일어나지 않았습니다. 조회수와 구독자 수에 일희일비하며 하루에도 수십 번씩 유튜브 스튜디오 앱을 들락거렸지만, 그래프는 잠잠했습니다. 퇴사하고 나니 '퇴사 부스터'로서의 효용도 다해 지속할 동력이 떨어지기도 했죠.

하지만 이왕 시작한 일이니 그 정도로 포기하기 싫었습니다. 꾸준히 영상을 찍고 편집해 올렸죠. 여느 영상들처럼 화려하고 멋진 편집 기술은 없었지만, 진솔하면서도 담백한 이야기를 전하려 노력했습니다. 그러자 조금씩 변화가 생겼습니다. 얼굴도 모르는 누군가가 제 영상을 보고 위로를 받았다고, 다시 도전할 용기를 얻었다고 댓글을 남겨주기 시작했습니다.

그 소소한 연결감은 생각보다 큰 힘이 되었습니다. 현실적인 이득은 없었지만, 어딘가에 나를 응원해주는 사람이 실재한다는 사실만으로도 이 유튜브를 시작하고, 또 계속할 이유는 충분했습니다.

기회는 알고리즘을 타고 온다

그런데 진짜 마법은 그때부터 시작되었습니다. 유튜브는 제 인생에 전혀 기대치 않던 엄청난 일들을 연쇄적으로 불렀습니다. 나비효과의 진원지가 된 셈이죠.

어느 순간부터 광고, 인터뷰, 협업 문의가 알음알음 들어오더니, 점차 제게 선택권이 주어지기 시작했습니다. 물론 금액으로 따지면 영상 제작에 드는 품에 비하기 민망할 정도로 소액의 제안들이었지만, 평생 공부만 해온 제가 저의 전공이나 직업과 전혀 상관 없는 콘텐츠로 인정받았다는 사실이 신기하고 좋았습니다.

긍정적인 부분을 살피자면 유튜브는 24시간 잠들지 않는 마케터입니다. 제가 자고 있는 동안에도 제 영상은 인터넷 바다를 떠돌며 저를 필요로 하는 사람들에게 가닿았습니다.

우연히 제 영상을 본 동갑내기 스타트업 CEO가 연락을 해와 친구가 되었고, 모교의 교수님께서 "도전이 멋지다"라며 식사를 대접해주셨습니다. 대학 총동창회와 학교 공시 유튜브 채널에서 인터뷰 요청이 왔고, 그 영상이 알고리즘을 타면서 주요 언론사와 방송국의 섭외 요청까지 이어졌습니다. 정말 생각지도 못한 귀한 인연들이 이렇게 맺어졌습니다.

심지어 지금 제가 쓰고 있는 이 책조차, 유튜브가 없었다면 세상에 나올 수 없었을 것입니다.

대중이 주목한 것은 힘겹게 쌓아 올린 제도권 내에서의 성취를 내려놓고 새로이 무언가를 시작한다는 도전 그 자체였지만,

그 스토리를 세상 밖으로 끄집어낸 일등 공신은 바로 유튜브였습니다.

제가 아무리 드라마틱한 인생을 산다 한들, 혼자 일기장에만 적어두었다면 아무도 알 수 없는 혼자만의 업적으로 남았겠죠. 로펌을 나오고 통역대학원에 간 선택은 똑같았겠지만, 책을 쓰거나 강연을 하는 'N잡러'로서의 기회는 오지 않았겠죠. 유튜브는 제 인생이라는 영화의 주인공은 아니었지만, 그 주인공을 빛나게 도와준 최고의 마케터였습니다.

잃을 것은 시간뿐, 얻을 것은 무한대

저는 한때 무언가를 시작하기 위해선 그전에 완벽한 준비가 되어 있어야만 한다고 생각했습니다. '편집은커녕 편집용 프로그램 이름도 제대로 모르는데', '난 특별한 콘텐츠가 없는데'라며 주저했었죠.

그러지 않아도 괜찮았습니다. 막상 시작하겠다고 마음을 먹자, 별다른 이유 없이도 충분히 할 수 있었습니다. 저는 퇴사를 합리화하기 위해, 그저 "안 할 이유가 없어서"라는 핑계 같은 말로 유튜브를 시작했는데도 말입니다. 그 어설픈 시작이 저를 작가로, 강연자로, 그리고 더 넓은 세상을 만나는 연결자로 만들어주었습니다.

물론 제가 유튜브로 떼돈을 벌거나 엄청난 인지도를 쌓은 것은 아닙니다. 하지만 그 과정에서 기획력, 스토리텔링, 말하기 능력, 편집 감각 등 퍼스널 브랜딩이 범람하는 시대에 제 자신을 알리고 또 다른 이들과 연결될 수 있는, 든든한 무기를 얻게 되었습니다. 이것은 당장 피부에 와닿는 도움이 되지는 않더라도, 언젠가 분명 제 도움닫기가 되어줄 훌륭한 자산입니다.

　앞으로 제 채널이 어떻게 될지는 저도 모릅니다. 구독자가 정체될 수도 있고, 제가 지쳐서 그만둘 수도 있겠죠. 하지만 하나 확실한 건, 그때 시작하길 정말 잘했다는 사실입니다.

　혹시 마음속에 품고만 있는 딴짓이 있나요? 블로그든, 유튜브든, 인스타그램이든, 아니면 전혀 다른 취미든 상관없습니다. 의심스럽다면, 밑져야 본전이라는 마음으로 딱 한 번만 저질러 보세요.

　그 작은 시도가 인생에 어떤 복선을 깔아줄지는 아무도 모릅니다. 확실한 건, 아무것도 안 하면 아무 일도 일어나지 않는다는 것입니다.

II

확신을 버리고서
얻게 된 지혜

"내가 해봐서 아는데"라는 오만

어른이 되어간다는 건 무엇일까요? 어른이 되어 제게 생긴 가장 큰 변화를 꼽으라면, 해보지 않은 것에 대해 함부로 말하지 않게 되었다는 점입니다.

어릴 때는 제가 아는 세상이 전부였습니다. 제가 겪어본 일들이 세상의 유일한 정답인 양 남을 재단하고, 판단하고, 충고하는 편이었습니다. 지금 돌아보면 우물 안 개구리였지만, 그때는 그 우물이 바다인 줄 알았습니다. 특히 작은 성취와 성공을 거듭할수록 그 좁은 세상에 대한 확신은 아집으로 굳어졌습니다. 실패를 맛보기 전까지는 말입니다.

물론 저는 겉으로 보기에 큰 실패를 겪지 않은, 소위 '꽃길'만 걸은 샌님처럼 보일지 모릅니다. 그리고 그 관점은 아마 꽤 사실에 가깝겠죠. 경제적 어려움 없이 자랐고, 큰 시험에서 기대 이하의 성과를 거둔 적도 없으니까요. 하지만 저에게도 저만의 지옥은 있었습니다. 그리고 그 지옥을 통과하며 깨달았습니다. 같은 충격이라도, 겪는 사람에 따라 체감하는 고통은 천차만별일 수 있다는 사실을 말입니다.

고통의 총량은 주관적이다

수험 생활을 예로 들어보겠습니다. 사람들은 사법시험이나 행정고시가 어렵고 힘들다는 걸 막연히 압니다. 그러니 합격만 하면 주변에서 박수갈채를 보냅니다. 하지만 그 과정의 실질적인 어려움은 다른 어려움들과 마찬가지로, 직접 겪어보지 않고는 알 수 없는 부분이 많습니다. 일상의 붕괴, 정신적 피폐함을 비롯해 많은 부분이 그렇습니다.

더 중요한 건, 같은 시험을 준비하는 사람끼리도 그 고통의 체감이 천차만별이라는 점입니다. 저와 제 남편은 둘 다 사법시험 출신입니다. 하지만 저희 둘의 수험 생활만 해도 체감상 엄청난 차이가 있습니다. 저는 하루라도 빨리 이 지옥을 끝내야 한다는 강박에 시달리며 단기 합격을 목표로 뼈를 깎는 고통을 감내했습니다. 반면 남편은 차곡차곡 기본기를 쌓으며 장기전을 치르는 타입이었고, 수험 생활에 저만큼 예민하게 반응하지도 않았습니다.

똑같은 시험을 치렀지만 공부 방식도, 스트레스를 해소하는 법도, 불합격을 받아들이는 태도도 달랐습니다. 제가 겪은 수험 생활이 전쟁이었다면, 누군가에게는 수양이었을 수도 있습니다. 이 사실을 깨닫고 나니, 함부로 조언하는 게 얼마나 위험한 일인지 알게 되었습니다.

"야, 그냥 참고 1년만 죽었다 생각하고 공부해."

과거의 제가 쉽게 던졌던 이 말이, 누군가에게는 폭력이 될 수도 있음을 이제는 압니다. 사람마다 기질이 다르고, 상황이 다르고, 마음의 강도가 다릅니다. 내가 이겨냈다고 해서 남도 이겨낼 수 있는 건 아니며, 남이 힘들어한다고 해서 그가 유독 나약한 것이 아닐 수 있다는 걸, 저는 이렇게 어렵사리 배우게 되었습니다.

판단하지 않을 때, 비로소 보이는 것들

시야를 수험 생활 밖으로 넓혀보면 더욱 명확해집니다. 건강, 진로, 결혼, 육아, 인간관계… 우리 삶의 단면들은 너무나 다채로워서 감히 하나의 잣대로 평가내릴 수 없습니다.

제가 로펌을 그만두고 꿈을 찾아 떠난 것이 저에게는 현재까지의 최선이었지만, 다른 누군가에게도 정답이라고 강요할 수는 없습니다. 제가 아이를 셋이나 낳고 싶어 한다고 해서, 딩크족 친구에게 "애 낳아 키워보니 이런 행복이 없어"라고 훈수 둘 자격은 없습니다.

하물며 아예 겪어보지 않은 삶에 대해서는 더 말할 것도 없겠죠. 부모 잘 만나 떵떵거리는 금수저의 삶이 마냥 부러워 보이지만, 그들만의 남모를 고충이 있을지 누가 알겠습니까. 화려해 보이는 연예인이나 100만 유튜버의 삶 뒤에 어떤 공허함과 공포가 도사리고 있는지, 감히 제가 짐작할 수는 없겠죠.

삶의 경험치가 쌓일수록, 역설적으로 저는 '내가 아는 것이 거의 없다'라는 사실만 더욱 절절하게 느껴갑니다. 그래서 나이가 들수록 제 입에서는 단정적인 말이 줄어듭니다. 예전에는 "누가 봐도 이게 맞지!"라고 쉽사리 단언하는 쪽이었다면, 이제는 누가 봐도 맞는 말은 없다는 걸 알아 예전보다 말을 술이게 되는 쪽입니다. 예전에는 "볼 것도 없이 걔가 잘못했네!"라고 비난했다면, 이제는 "그럴 만한 사정이 있었겠지"라고 점점 판단을 유보하게 됩니다.

이것은 아마도 우유부단과는 조금 다른 쪽이겠죠. 얼핏 듣기로는 '판단 보류(Suspension of Judgment)'라고도 부르는 지적 기술이라고 하는 것 같기도 합니다. 어느 한쪽에 치우쳐 섣불리

결론 내리지 않고 상황을 입체적으로 바라볼 때, 우리는 비로소 실수하지 않고 더 현명한 판단을 내릴 수 있을 테니까요.

시련이 남긴 유일한 선물, 성숙

지혜나 판단력 같은 거창한 단어를 쓰지 않더라도, 살면서 닥치는 시련들은 우리를 조금씩 성장시킵니다.

솔직히 말해, 시련을 겪고 싶은 사람은 아무도 없죠. "젊어서 고생은 사서도 한다"라지만, 진짜 사서 고생하고 싶은 사람이 어디 있겠습니까. 하지만 인생은 언제나 예고 없이 우리에게 고통을 던지고, 우리는 피할 수 없이 그 터널을 지나야 하는 숙명을 지녔습니다.

다행인 것은, 그 터널을 지나고 나면 반드시 남는 게 있다는 사실입니다. 아픔을 겪어본 사람은 타인의 아픔에 함부로 생채기를 내지 않습니다. 실패를 겪어본 사람은 타인의 실패를 비웃지 않고 조용히 손을 잡아줍니다. 나의 한계를 마주해본 사람은 타인의 한계 앞에 겸손해집니다. 이것이 아마도 시련의 참된 의미가 아닐까요. 우리가 원해서 받게 되는 것은 아니지만, 고통의 터널을 지나서 받게 되는 가장 값진 선물인 '성숙' 말입니다.

앞으로도 제 인생에는 크고 작은 시련이 닥칠 것입니다. 여전히 두렵고, 매번 좌절하겠죠. 하지만 적어도 이제는 압니다. 이 시간을 견뎌내면 나는 조금 더 어른이 될 것이고, 세상과 사람을 이해하는 폭이 넓어질 것임을요.

내가 틀릴 수도 있다는 사실을 인정하는 것. 남의 삶을 내 기준으로 재단하지 않는 것. 경험이 늘수록 확신은 줄어들지만, 그 빈자리를 채우는 것은 불안이 아니라 깊어진 이해와 겸손입니다. 그리고 그 겸손이야말로 불확실한 미래를 살아가는 데 필요한 성숙의 형태 중 하나이겠죠.

메일로 한 줄 한 줄 구구절절 제 상황을 설명하고

이런 제가 유튜브를 해도 될지 하는 바보 같은 질문을 던졌을 때,

돌아온 답은 명쾌했습니다.

"안 할 이유가 없을 것 같은데요?"

혹시 마음속에 품고만 있는 딴짓이 있나요?

블로그든, 유튜브든, 인스타그램이든.

아니면 전혀 다른 취미든 상관없습니다.

그 작은 시도가 인생에 어떤 복선을 깔아줄지는 아무도 모릅니다.

확실한 건, 아무것도 안 하면

아무 일도 일어나지 않는다는 것입니다.

9장.

성공의 재정의:

성취
중독에서
성장
지향으로

I

멈춰버린 성취 기계의
금단현상

목표가 사라진 시간의 공허함

진정한 나를 찾고 내적 동기에 따라 사는 삶. 말은 참 근사합니다. 하지만 평생을 외적 동기에 길들여진 사람이 하루아침에 나만의 동력으로 살아간다는 건, 생각보다 훨씬 어색하고 불안한 일입니다.

저는 평생을 학벌, 직장, 승진, 연봉 같은 외적 목표를 향해 경주마처럼 달려왔습니다. 그러다 보니 막상 제가 하고 싶은 일로 일상을 채워나가는 요즘이 가끔은 비현실적으로 느껴지기도 합니다.

학기 중에는 그나마 낫습니다. 빼곡한 수업 일정과 과제, 시험이 저를 강제로 굴러가게 하니까요. 하지만 10여 년 만에 맞이한 방학은 저에게 또 다른 시련이었습니다. 아무런 목적의식 없이 주어지는 텅 빈 시간. 그 속에서 저는 자유를 만끽하기보다는 허송세월하고 있다는 죄책감에 시달렸습니다.

생각해보면 당연한 일입니다. 지금 저에게는 저를 찾는 클라이언트도 없고, 서면 마감을 독촉하는 파트너 변호사도 없습니다. 심지어 예전처럼 공부하라고 압박하는 부모님의 잔소리도 없습니다. 완벽한 자유입니다.

하지만 이 백수에 가까운 삶 속에서 시간을 보람차게 쓰는 건, 로펌 변호사로 일할 때보다 훨씬 고차원적인 노력을 요했습니다.

불과 얼마 전까지만 해도 저는 시간당 엄청난 금액의 자문료를 청구하던 변호사였습니다. 똑같이 책상에 앉아 돈을 벌던 그 시절에 비하면, 아무런 경제 활동도 하지 않는 지금의 한 시간은 무가치하게 느껴지기도 했습니다. 생산성 없는 하루, 성과 없는 노력. 그 낯선 감각이 저를 공허하게 만들었습니다.

성취는 마약, 성장은 연료

서점에 가면 자기계발서 코너에 빠지지 않고 등장하는 키워드가 있습니다. 바로 성장입니다. 유튜브에도 '매일 1%씩 성장하기', '성장 마인드셋(Growth Mindset)' 같은 영상이 넘쳐납니다.

솔직히 고백하건대, 저는 오랫동안 이 성장이라는 개념을 이해하지 못했습니다. 제 삶에는 오직 성취라는 개념만 존재했기 때문입니다.

성취는 명확합니다. 눈에 보이고, 손에 잡힙니다. 오늘 인터넷 강의 3개를 완강했다면 성취입니다. 연습문제 100개를 풀었다면 성취입니다. 몸치였던 제가 공연 무대에 섰다면 그 또한 성취입니다. 시험 합격, 로펌 입사, 승진, 심지어 결혼과 출산까지. 제 인생은 크고 작은 성취의 집합체였습니다. 저는 성취라는 도파민에 중독된, 성취지향적 인간의 표본이었습니다.

그래서 "결과보다 과정이 중요하다"라는 말을 들으면 코웃음을 쳤습니다. "과정이 무슨 소용이야? 결과가 좋아야 과정도 의미가 있는 거지."

애초에 노력하는 과정 자체가 결과를 얻기 위한 수단인데 결과가 중요하지 않다니. 저에게는 뚱딴지같은 소리로만 들렸습니다.

하지만 성취라는 확실한 보상 체계가 사라진 지금에 이르러서야, 저는 비로소 다른 것을 볼 수 있게 되었습니다.

요즘 저는 매일 통역 공부를 합니다. 하지만 당장 시험이 있는 것도 아니고, 이 공부가 내일의 연봉으로 직결되지도 않습니다. 유튜브 영상 하나를 밤새워 편집해 올리지만, '떡상'의 꿈을 접은 지금은 그저 자기만족일 뿐입니다. 매일 폴댄스 학원에 가서 매달리고, 아이들을 돌보고, 친구를 만납니다.

냉정하게 따져보면, 이 중 가시적인 성과로 연결되는 건 하나도 없습니다. 그렇다고 제가 대충 살고 있느냐? 아닙니다. 저는 여전히 눈뜨는 순간부터 잠드는 순간까지 정신없이 바쁘고 치열하게 무언가를 합니다.

이 모순적인 상황에서 깨달았습니다. 성취는 현재의 고통을 미래의 행복으로 바꿔주는 교환권 같은 것이었습니다. 현재는 힘들지만, 나중에 합격이라는 성취를 얻으면 행복해질 것이기에 그 과정을 참을 수 있었죠. 제가 앞서 언급한 오늘의 한 시간 공부가 미래의 행복에 직결된다는 이야기와 같은 맥락이기도 합니다. 다시 말해 성취란 결과를 내지 않으면 그 과정이 무의미한 고통에 가깝다고도 할 수 있겠습니다.

하지만 직접 겪어보니 성장은 현재 그 자체로 행복을 느끼는 과정에 가깝게 느껴집니다. 지금의 제 행동이 미래의 무언가를 위한 투자가 아니라, 행동하는 이 순간 자체에서 즐거움과 의미를 느낍니다. 눈앞의 보상이 사라지니, 비로소 행위의 본질이 보이기 시작한 것입니다.

II

결과가 배신해도
과정은 남는다

실패해도 괜찮은 이유

물론 저도 사람인지라 미래를 아예 생각하지 않는 건 아닙니다. 통역 공부를 하는 건 훌륭한 통역사가 되기 위함이고, 유튜브를 하는 건 더 많은 기회를 얻기 위함이죠.

하지만 관점을 바꾸니 두려움이 줄어들었습니다. 만약 제가 2년간 뼈를 깎는 노력을 해서 통번역대학원을 졸업했는데, 통역사로서 자리를 잡지 못한다면 어떨까요? 결국 다시 변호사로 돌아가게 된다면요?

성취의 관점에서 보면 이것은 명백한 실패에 가깝겠죠. 2년이라는 시간과 기회비용을 날린 셈이니까요. 이룬 것이 '0'에 수

렴하는 결과입니다. 하지만 성장의 관점에서는 전혀 다른 평가가 이뤄집니다. 그래서 설령 결과가 그리 대단치 않게 끝난다 해도, 저는 크게 절망하지 않을 것 같습니다.

"정말로 즐겁게, 미친 듯이 해봤으니 후회는 없다."

이렇게 말할 수 있을 것 같습니다. 그 과정에서 얻은 것들은 고스란히 제 안에 남을 테니까요. 객관적으로 보자면 쉽게 안 늘 것 같던 영어 실력이 늘었고, 주관적으로는 좋아하는 일을 위해 모든 걸 걸고 부딪혀봤다는 뿌듯함을 얻겠죠. 또 정체성의 측면에서 나도 꽤 용기 있는 사람이라는 확신을 얻을 것이고, 현실적인 측면에서는 안 가본 길을 가봤으니 이제 미련 없이 원래 길을 더 잘 갈 수 있겠다는 확신을 가질 수 있을 것입니다.

이 모든 경험이 켜켜이 쌓여 저를 더 단단하고 깊이 있는 사람으로 만들어주겠죠. 이것이 성장의 의미일 것이고요. 성취는 성공과 실패라는 이분법으로 나뉘지만, 성장은 성공과 실패를 모두 자양분으로 삼습니다. 그래서 성장을 추구하는 삶은 실패를 두려워하지 않게 됩니다.

삶의 의미는 발견하는 자의 몫

겉으로는 시간 낭비처럼 보이는 유튜브, 돈 안 되는 육아, 매일의 운동, 친구들과의 수다… 이 모든 것이 마찬가지입니다.

소박한 유튜브 채널을 운영하며 저는 세상과 소통하는 법을 배우고, 제 한계를 넘어서는 경험을 합니다. 아이들과 지지고 볶으며 인내심을 기르고, 아이들의 순수함에서 인생을 배웁니다. 운동을 통해 어제보다 강해진 내 몸을 확인하고, 친구들과의 대화에서 타인의 지혜를 건너 배웁니다. 어제보다 오늘, 오늘보다 내일 눈곱만큼이라도 더 나은 내가 되어가는 과정. 성취는 남들이 평가하는 객관적인 지표지만, 성장은 철저히 주관적인 만족입니다.

　남들이 보기에 저의 퇴사 후 2년이 무의미한 경력 단절로 여겨질 수 있지만, 제 기준에서 이 과정이 충만했다면 저는 성장한 것일 테니까요. 어차피 인생은 그 자체로 온전히 주관적인 경험입니다. 남들의 인정을 좇는 것보다 나의 의미를 좇는 것이 훨씬 덜 공허하고, 훨씬 더 오래 행복할 수 있을 것입니다.

　혹여나 지금 하고 있는 일이 무의미해 보인다면, 원치 않는 부서에 발령 나서 괴롭다면, 혹은 가족을 부양하느라 꿈을 포기하고 지옥 같은 직장을 다니고 있다면, 그렇다면 그 일에서 성취를 추구하지 않는 편이 나을 것입니다. 성취란 결과라는 보상을 얻지 못하면 좌절만 남기니까요. 대신 그 일 속에 숨겨진 의미를 찾아보길 권합니다.

　"이 지옥 같은 곳을 버티며 나는 인내심을 기르고 있다", "가족을 지키는 헌신이 나를 더 어른스럽게 만든다."

합리화라도 좋습니다. 정말로 필요한 건 그 인고의 시간을 견뎌낼 원동력일 테니까요. 그 의미를 스스로 부여하는 순간, 고통스러운 시간은 성장의 시간으로 재정의됩니다. 남들이 뭐라든 나에게 의미가 있으면 그만입니다. 일견 무의미해 보이는 일상에도, 자세히 들여다보면 반짝이는 성장의 파편들이 숨어 있습니다. 그것을 주워 담아 내 삶의 의미로 만드는 것. 그것이 바로 하루하루를 살아가는 힘입니다.

Ⅲ

나를 태워버리는 노력은 노력이 아니다

최선이 늘 최상은 아니다

어릴 때는 전혀 공감하지 못한 말이었지만, 하루하루 살아가며 점점 더 와닿는 명언이 하나 있습니다. 바로 "적당한 것이 최고"라는 말입니다. 너무 더운 것도, 추운 것도 싫고, 인간관계도 너무 가깝거나 멀면 탈이 납니다. 공부나 일도 마찬가지입니다. 아예 안 하는 것도 문제지만, 심신이 타버릴 정도로 하는 것도 결코 좋지 않습니다.

우리 사회는 "미쳐야 미친다(不狂不及)", "죽도록 노력해도 안 죽는다" 같은 말을 미덕으로 여깁니다. 하지만 사람의 정신은 고무줄과 같아서, 한계점 이상으로 잡아당기면 탄성을 잃고 끊어져 버립니다.

제 주변에는 학창 시절 입시에 질려버린 나머지, "시험 보는 직종은 죽어도 안 간다"라며 각종 전문직과 공기업을 아예 진로의 선택지에서 배제한 친구들도 있습니다. '시험'이라는 단어만 떠올려도 신물이 날 정도의 트라우마가 생긴 것이죠.

인생은 긴 마라톤인데, 초반 100미터를 전력 질주하느라 인대가 끊어지면 남은 구간은 어떻게 가야 할까요. 나보다 공부를 많이 하는 친구가 멀쩡해 보인다고 해서 나까지 반드시 괜찮으리라는 법은 없습니다. 사람마다 견딜 수 있는 정신력의 한계점은 다릅니다. 그 한계점을 넘어서는 노력은 노력보다 자해에 가까울지도 모릅니다.

바나나 하나에 무너진 멘탈

저는 사법시험을 준비할 때, 주관적으로는 미쳐버리기 직전까지 갔던 것 같습니다. 어쩌면 어느 정도 미쳐버렸던 것일지도 모르고요. 아무튼 당시의 저는 정상적인 사고가 불가능할 정도로 피폐했습니다. 가장 대표적인 사건이 바로 바나나 사건입니다.

시험 직전, 할머니 댁에서 머물며 공부하던 시절이었습니다. 극심한 스트레스로 식이장애를 앓고 있던 저는 음식 강박이 심했습니다. 당시 제 유일한 낙은 며칠 동안 푹 익혀서 까만 점이 뒤덮인 바나나를 먹는 것이었습니다. 제일 맛있을 때 먹을 거라며 몇 날 며칠을 벼르고 있었습니다.

그런데 어느 날, 공부를 마치고 집에 와보니 바나나가 없었습니다. 부모님이 보시기에 너무 익어서 상하기 직전의 바나나라, 얼른 먹어 치우신 겁니다. 보통의 상태였더라면 그저 누군가 바나나를 먹었겠거니 하고 말 일이고, 기분이 좀 언짢더라도 "아, 내 바나나!" 짜증 한 번 내고 말 일입니다. 하지만 당시의 저는 그 자리에서 주저앉아 울었습니다. 꼬박 5시간을요.

단순히 바나나를 못 먹어서가 아니었습니다. 세상 어느 하나도 내 뜻대로 안 되는데, 고작 바나나 하나마저도 내 마음대로 되지 않는다는 서러움에 눈물이 댐 무너지듯 터진 것입니다. 그리고 그 서러움 때문에 오늘 하루치 공부를 망쳤다는 자괴감까지 더해져, 저는 짐승처럼 울부짖었습니다.

지금 생각하면 그럴 것까지야 있었을까 싶지만, 그때 제 일기장에는 이렇게 적혀 있습니다. "영혼이 시들어가고 있다", "시간이 너무 느려서 모래시계에 꿀을 넣어둔 것 같다."

지금에 와서 돌이켜보자면, 제 몸과 마음은 그 시기를 생명이 위협받는 수준의 위기 상황으로 인식하고, 극도로 긴장한 상태였던 것 같습니다. 매일 악몽을 꾸고, 전신에 스트레스성 아토피가 번졌습니다. 행복한 자극은 하나도 없고, 오직 한 글자라도 더 봐야 한다는 강박만 가득 찬 상태였으니까요.

성공이 트라우마를 치료해주진 않는다

저는 그토록 고통스러운 시간을 겪었지만, 천운이 따라준 덕에 합격이라는 큰 성과를 얻었습니다. 하지만 안타깝게도, 합격이라는 결과로도 그 과정의 고통을 모두 지울 수는 없었습니다.

시험이 끝나고도 오랫동안 분노와 우울감 조절에 애를 먹었습니다. 인내심이 바닥나 사소한 일에도 화를 냈고, 바나나 사건 같은 일들을 떠올리면 합격 후에도 심장이 쿵쾅거렸습니다. 겉으로는 성공한 변호사가 되었지만, 속은 화마가 휩쓸고 간 잿더미 같았습니다.

제가 만약 그때 운이 나빠서 시험에 떨어졌다면 어땠을까요? 아마 저는 재기 불능의 상태가 되었을지도 모릅니다. 저는 운이 좋아서 성과로 트라우마를 그나마 뒤덮었을 뿐입니다.

노력은 중요합니다. 하지만 몸과 마음의 건강을 모두 잃으면서까지 그것을 정말 간절히 해낼 가치가 있을지에 대한 질문과, 그에 대한 자신만의 답이 반드시 필요합니다. 이 답이 없는 채로 무작정 쏟는 노력은 위험합니다. 무엇이든 지금보다 나아지기 위해, 행복해지기 위해 하는 것인데, 그 과정에서 '나'라는 주체가 올곧이 서 있지 않으면 심신을 갉아먹는 과정에서 자신을 잃고 맙니다. 내가 더 행복해지기 위해 노력하는 과정에서 나를 잃고 만다면, 그것은 주객전도가 되는 모양새 아니겠습니까.

가장 소중한 자산은 성과가 아니라, 나 자신

살다 보면 어쩔 수 없이 극심한 스트레스를 견뎌야 하는 시기가 옵니다. 하지만 적어도 그 순간에 나 자신을 채찍질하기보다는, '괜찮아, 잘하고 있어'라고 다독여줄 필요가 있습니다.

"누가 뭐래도 자기가 힘들면 힘든 거지" 누군가가 해준 이 말은 저에게 큰 구원이 되었습니다. 남들이 보기에 배부른 투정 같아 보여도, 내가 죽을 것 같으면 그건 죽을 만큼 힘든 게 맞습니다. 내 고통의 크기를 남의 것과 비교하며 나는 왜 이리 나약할까 하고 자책할 필요는 없습니다.

목표도 중요하고 성취도 중요하지만, 평생 수많은 성과를 만들어낼 주체인 나 자신이 망가지면 아무 소용이 없습니다. 무언가를 과할 정도로 열심히 하고 있다면, 그리고 그 과정에서 내가 부서지고 있다는 신호가 온다면, 잠시 멈춰 서십시오. 그리고 스스로에게 말해주세요.

가장 중요한 건, 인생이라는 레이스를 끝까지 완주할 나를 지키는 것이라고요. 내가 나를 아껴준다는 것. 그것보다 탁월한 멘탈 관리법은 찾기 쉽지 않을 것입니다.

성장은 현재 그 자체로 행복을 느끼는 과정에 가깝게 느껴집니다.

지금의 제 행동이 미래의 무언가를 위한 투자가 아니라,

행동하는 이 순간 자체가 즐거움이고 의미입니다.

눈앞의 보상이 사라지니,

비로소 행위의 본질이 보이기 시작한 것입니다.

남들이 뭐라든 나에게 의미가 있으면 그만입니다.

합리화라도 좋습니다.

행위의 의미를 스스로 부여하는 순간,

고통스러운 시간은 성장의 시간으로 재정의됩니다.

일견 무의미해 보이는 일상에도

반짝이는 성장의 파편들이 숨어 있습니다.

그것을 내 삶의 의미로 만드는 것,

그것이 바로 하루하루를 살아가는 힘입니다.

10장.

하이브리드 엔진:

외적
동기는
거들 뿐

I

오래 달리는 사람에겐
두 개의 심장이 있다

연봉 2배 제안을 거절할 수 있을까

인간을 움직이는 힘에는 크게 두 가지가 있습니다. 하나는 활동 그 자체에서 즐거움이나 만족감을 얻는 내적 동기이고, 다른 하나는 돈, 칭찬, 인정, 저변 회피 등 외부적 보상을 바라는 외적 동기입니다.

책과 영상, 그리고 갖은 '좋은 것들'에서는 늘 내적 동기가 중요하다고 합니다. "좋아하는 일을 하라", "직업에는 귀천이 없다" 같은 말들이죠. 하지만 현실은 다릅니다. 극히 대부분의 현대인에게 직업 선택의 기준 1순위는 언제나 연봉일 것입니다.

솔직해져 봅시다. 수년째 애착을 가지고 다니는 회사이지만,

경쟁사에서 연봉을 2배 주겠다고 제안한다면 마음이 흔들리지 않을 사람이 있을까요? 아이에게 식사 예절을 가르칠 때 골고루 먹는 즐거움을 백 번 설명하는 것보다, "밥 다 먹으면 사탕 줄게"라는 한마디가 훨씬 강력한 것처럼 말입니다.

외적 동기는 강력합니다. 즉각적이고, 자극적이며, 객관적입니다. "이번 시험 만점 받으면 1억 원 준다"라고 하면 누구나 오늘 밤을 새우겠죠. 제가 다이어트할 때만 해도 건강이라는 내적 동기보다는, 뚱뚱하다고 놀림받기 싫다는 외적 동기가 훨씬 더 큰 독기를 품게 만들었습니다.

이처럼 외적 동기는 단기적인 퍼포먼스를 끌어올리는 데 탁월한 효과가 있습니다. 이것을 부정할 필요는 없습니다. 문제는 이 외적 동기라는 약발이 오래가지 않는다는 점입니다.

과열된 엔진은 터지고 만다

외적 동기의 치명적인 약점은, 말 그대로 그 이유가 외부에 있다는 것입니다. 내 마음 깊은 곳에서 우러나온 나만의 이유가 아니라, 남들이 좋다고 하는 돈, 명예, 인정 등 보편적인 가치를 좇는 것이기 때문입니다.

물론 돈과 명예를 싫어하는 사람은 없습니다. 저도 그것들을 정말 좋아합니다. 하지만 그것만이 유일한 목적이 될 때, 마음에는 구멍이 뚫립니다.

처음에는 높은 연봉과 '국내 최고의 로펌'이라는 타이틀이 주는 '뽕'에 취해 힘든 줄도 모르고 달렸습니다. 하지만 시간이 지날수록 약효는 떨어지고 부작용이 나타났습니다. 몸이 힘들고 정신이 피폐해질 때마다 근본적인 질문이 고개를 쳐들었기 때문입니다.

'그깟 돈이 뭐라고 내가 이렇게 살아야 하지?', '내 인생인데 왜 남들한테 인정받으려고 이 고생을 하나?'

만약 제가 변호사의 업무를 진심으로 즐겼다면, 즉 내적 동기가 있었다면 어땠을까요? 업무가 쌓이고 진상 고객을 만나도 힘들긴 하지만, 문제를 해결하는 과정 자체가 재밌다고 느꼈을 겁니다. 물리적인 피로는 있어도 정신적인 공허함은 없었겠죠. 마치 지금 제가 통역 공부를 하는 마음가짐처럼요.

하지만 저는 부모님의 기대, 사회적 시선, 고연봉 등 외적 동기만으로 움직이는 자동차였습니다. 내비게이션은 남들이 찍어준 목적지를 가리키는데, 엔진에는 기름이 떨어져가는 상황. 그러니 억지로 엑셀을 밟을 때마다 엔진이 과열되고 핑음이 날 수밖에 없었습니다.

내 인생의 주인공은 나 자신입니다. 내가 정말 원해서 하는 일이라면 웬만한 시련이 와도 '내가 좋아서 한 거니까'라며 툭 털고 일어납니다. 하지만 돈이나 타인의 시선 때문에 억지로 하는 일이라면, 작은 돌부리에만 걸려도 '내가 왜 남 좋은 일을 하다가 이 꼴을 당하나'라며 주저앉게 됩니다. 적어도 저는 그랬습니다. 그리고 이 지점에서 지속을 위한 요건을 고민하게 되었고요.

하이브리드 엔진, 시동은 돈으로 주행은 재미로

물론 제가 하고 싶은 이야기는 외적 동기는 나쁜 것이니 버리자, 그런 게 아닙니다. 우리는 자본주의 사회를 살아가는, 현실적인 존재입니다. 가장 이상적인 형태는 외적 동기와 내적 동기 두 가지 엔진을 모두 사용하는 하이브리드 시스템을 갖추는 것입니다.

하이브리드 자동차는 시동을 걸거나 급가속이 필요할 때 전기 모터와 가솔린 엔진을 적절히 섞어 씁니다. 우리 인생도 마찬가지입니다. 공부를 시작하거나 새로운 일을 배울 때, 처음부터 재미를 느끼기는 어렵습니다. 그때는 외적 동기를 부스터로 쓰면 어떨까요. "이 자격증 따면 연봉이 오른다", "살 빼면 그 옷을 입을 수 있다", "오늘 할 일 다 하면 치킨을 먹겠다."

이렇게 외적 보상으로 초기 관성을 극복하고 궤도에 오르는 것입니다.

하지만 장기 레이스, 즉 순항 주행 단계에 들어서면 반드시 주동력을 내적 동기로 전환해야 합니다. 일 자체에서 의미를 찾고, 성장하는 기쁨을 느끼고, "이 일이 나에게 맞다"라는 충만함을 느껴야만 지치지 않고 오래 달릴 수 있습니다.

좋아하는 일을 하면 돈은 절로 붙는다

진부한 말이지만, 결국 진리는 통합니다. "좋아하는 일을 하면 돈은 절로 붙는다." 이 말이 사실인 이유는 낭만이 아니라, 지극히 논리적인 인과관계 때문입니다.

좋아하는 일을 하는 사람, 내적 동기로 움직이는 사람은 시키지 않아도 파고듭니다. 남들이 퇴근하고 쉴 때 관련 자료를 찾아보고, 더 잘할 방법을 고민합니다. 디테일에 집착하고, 실패해도 다시 도전합니다. 반면 돈 때문에 억지로 하는 사람, 외적 동기로 움직이는 사람은 일을 하는 중에도 '이 정도면 됐지'라고 여기고, 이 일이 언제 끝날지 시계만 바라봅니다.

시간이 쌓이면 둘의 실력 차이는 현격하게 벌어집니다. 실력은 곧 성과로 이어지고, 성과는 필연적으로 돈과 명예라는 외적 보상으로 가시화됩니다. 즉, 내적 동기를 좇다 보면 외적 보상은 결과값으로 자연스럽게 따라오게 됩니다. 반대로 외적 보상만을 목적으로 삼으면, 실력의 정점에 도달하기 전에 제풀에 지칠 확률이 높습니다.

저는 이제 연봉이 아니라 재미를 좇아 통역사의 길을 걷고 있습니다. 지금 당장은 수입이 로펌 시절의 반도 안 되고, 불안한 마음이 없다면 거짓말입니다만 그래도 이 일을 하는 제 나름의 청사진은 있습니다. 제가 이 일을 진심으로 즐기며 미친 듯이 파고드는 한, 언젠가 저는 대체 불가능한 전문가가 될 것이고, 그때가 되면 경제적 보상도 절로 저를 따라오지 않을까 하고요.

그러니 자신의 연료 탱크를 점검해보길 권합니다. 지금 자신이 타인의 시선에 따라 움직이는지, 내 곧은 의지에 따라 움직이는지 말입니다. 만약 외부에서 유입된 연료만으로 달리고 있다면, 이제는 마음의 연료를 채워 넣을 주유소를 찾아야 할 때입니다.

II

불안을 마주하고
황금 족쇄를 벗어던질 용기

합격보다 더 어려운 긴 퇴사

통번역대학원 합격 통지서를 받았을 때, 저는 세상을 다 가진 기분이었습니다. 눈을 본 강아지처럼 신나서 날뛰었고, 당장이라도 사표를 던지고 학교로 달려갈 기세였습니다. 합격만 하면 모든 게 일사천리로 해결될 줄 알았습니다.

그런데 사람 마음, 아니 적어도 제 마음이란 얼마나 간사하던지…. 그토록 간절했던 합격의 기쁨이 가라앉자, 생각지도 못한 복병이 나타났습니다. 바로 현실의 안락함이었습니다.

원래 계획은 12월에 복직해서 인수인계를 하다가 이듬해 3월 입학에 맞춰 퇴사하는 것이었습니다. 그런데 9개월간의 긴 휴식 끝에 복직하고 나니, 이상한 일이 벌어졌습니다. 전과 달리 회사가 다닐 만해진 것이 아니겠습니까.

그간 해오던 업무의 익숙함, 광화문 한복판 근사한 개인 방이 주는 안락함, 국내 최고 로펌의 8년 차 변호사라는 묵직한 명함, 시니어 변호사가 되면서 한층 더 두둑해진 연봉의 달콤함… 이 모든 것에 저는 놀라울 정도로 빠르게 재적응했습니다.

오래 쉰 덕분인지, 아니면 언제든 도망칠 방도가 있다는 심리적 여유 때문인지, 예전에는 죽기보다 싫던 업무 스트레스도 견딜 만해졌습니다.

'이대로 적당히 다니면 워라밸도 챙기고, 돈도 많이 벌고, 사회적 인정도 받으면서 롱런할 수 있지 않을까?'

안정감이 주는 마취제 같은 평온함에 취하자, 굳이 힘든 길을 가야 할 이유가 흐릿해졌습니다. 저연차 때처럼 몸을 갈아가며 일하던 시기였다면 뒤도 안 돌아보고 도망쳤겠지만, 그토록 힘든 시기를 지나 어느덧 저는 너무 안정되고 풍족한 자리에 와 있었습니다. 객관적으로는 누가 봐도 이곳에 남는 것이 현명한 선택이었습니다.

스스로에 대한 자괴감이 밀려왔습니다. 평생 타의에 의한 삶을 원망하며 '피해자 코스프레'를 해왔는데, 막상 내 길을 찾아놓고도 여태 애물단지로 여기던 황금 족쇄가 그토록 아까워지다니. 그래서 정말로 가보고 싶은 길로 나아가길 주저하다니.

꿈을 찾았다고 갖은 호들갑을 떨어놓고선, 복직하자마자 한여름 밤의 꿈으로 치부하려 하다니.

하지만 그럼에도 선뜻 사표를 낼 용기가 나지 않았습니다. 결국 저는 비겁한 타협을 했습니다. '딱 1년만 더 다니면서 고민해보자.'

가장 어려운 선택, Good vs Good

인생에서 마주하는 수많은 선택의 갈림길에서, 유독 어렵게 느껴지는 선택은 나쁜 것과 좋은 것 사이의 선택이 아닌 것 같습니다. 그건 누구라도 쉽게 정답을 알 수 있으니까요. 진짜 어려운 선택은 아마 좋은 것과 좋은 것 사이의 선택이 아닐까요. 소위 배부른 고민인데, 이 갈림길이야말로 가보지 않은 길에 대한 아쉬움을 잔뜩 안겨줄 테니까요.

저에게 주어진 두 가지 선택지는 모두 훌륭했습니다.

잔류	김앤장 변호사로서 커리어를 계속 쌓고, 고연봉의 안정된 삶을 누린다.
도전	통번역대학원에 진학해 꿈꾸던 일을 하며, 새로운 가능성을 탐험한다.

회사 잔류는 현실적으로 더 없이 훌륭한 선택이었습니다. 이제 슬슬 변호사로서 제 분야의 전문성을 인정받고 날개를 펼칠 시기인데, 지금 나가면 이 자리로 다시는 못 돌아올지도 몰랐습니다. 반면 통역사의 길은 불확실하기 그지없었습니다. 커리어를 잘 쌓아가면 회사에서 만났던 통역사님처럼 멋진 통역사가 될 수도 있지만, 아직은 한낱 가능성에 불과했으니까요.

무엇보다, 가장 두려운 건 제 마음속에서 끊임없이 이뤄지는 비교였습니다. 제가 밑바닥부터 새로운 도전을 하느라 현실에 허덕이고 있을 때, 회사에 남은 동기들이 승승장구하는 모습을 보면 제 마음이 어떨지, 먼 미래의 제가 상대적 박탈감에 시달리며 '그때 그냥 회사에 붙어있을걸' 하고 땅을 치며 후회하지 않을지 말입니다.

평생 '불행의 가능성'을 줄이는 방향으로, 가장 안전한 방향으로 살아온 저에게 이런 상상은 그 자체로 공포였습니다.

"이미 여기서 기반을 다 닦았는데 굳이 험지에 뛰어들 필요가 있니? 통역은 AI 때문에 사양산업이라는데, 차라리 여기서 네 영어 실력을 활용하는 게 훨씬 합리적이지 않을까?"

그런 중에 존경하던 선배 변호사님도 저를 만류했죠. 틀린 말이 하나도 없는, 지극히 합당하고 이성적인 조언이었습니다. 그래서 더 흔들릴 수밖에 없었죠.

미래의 나에게 물어보기

1년의 유예 기간 동안, 저는 매일 퇴근길에 스스로에게 물었습니다. 하지만 답은 나오지 않았습니다. 머리는 남으라고 하고, 가슴은 떠나라고 아우성쳤으니까요. 결국 저는 결단을 내리기 위해 하나의 기준을 세웠습니다. 바로 '후회 최소화 전략'입니다.

지금 당장의 만족도나 두려움이 아니라, '먼 훗날, 할머니가 되었을 때 어떤 선택을 덜 후회할까?'를 기준으로 삼는 것입니다.

시뮬레이션을 돌려보았습니다.

도전 실패	통번역대학원에 갔는데 적성에 안 맞거나 일이 안 풀렸다. 그래서 다시 변호사로 돌아오거나 다른 직장을 찾았다. ▸ 괜히 시간 낭비했네. 남들처럼 돈이나 벌걸.
도전 포기	회사에 남아서 승진하고 돈도 많이 벌었다. 그런데 10년 뒤 문득, TV에서 멋지게 통역하는 사람을 봤다. ▸ 그때 나도 합격했었는데… 한번 해봤으면 어땠을까? 내 인생이 어떻게 달라졌을까?

이렇게 쓰고 보니, 답은 명확했습니다. 해보고 실패하는 후

회는 경험으로 남지만, 해보지 않은 후회는 미련으로 남아 평생 저를 괴롭힐 것이 뻔했습니다.

제 판단의 근거는 다름 아닌 '나 자신'이었습니다. 30년 넘게 지켜본 저는, 스스로 선택하지 못한 진로에 대해 뿌리 깊은 결핍을 가진 사람이었습니다. 남들이 보기에 아무리 좋은 삶이라도, 내가 선택하지 않은 삶은 내 것이 아니었습니다. 그래서 저는 비록 실패할지라도, 제 발로 선택한 길을 가보기로 했습니다.

두려움은 사라지지 않는다, 다만 익숙해질 뿐

답을 정했다고 해서 두려움이 사라지지는 않았습니다. '맞아, 이제 정말 가야지' 결의를 다지다가도, 다음 날이면 '미쳤지, 이 월급을 포기한다고?' 현실적인 두려움과 공포가 엄습했습니다.

하지만 1년이라는 시간 동안 그 공포를 매일 정면으로 마주하며, 저는 스스로를 설득하고 마음을 다졌습니다. 고민했다기 보다는 불확실성을 견디는 근육을 키운 시간이었습니다.

정확히 1년 뒤, 저는 퇴사를 위해 엘리베이터를 탔습니다. 감사하게도 저를 만류해주는 분들도 계셨지만, 제 마음은 시간의 연마를 거쳐 꽤 단단해져 있었습니다. 책상을 정리하고 퇴직금을 정산하는 과정에서 불쑥불쑥 두려움이 고개를 쳐들었지만, 이미 단단해진 제 마음을 멈추게 할 정도는 아니었죠.

그럼에도, 단언컨대 퇴사는 제 인생에서 가장 어려운 결정이었습니다. 혹자는 결혼보다 힘들었느냐 물으실 수 있을 텐데요. 적어도 제게는 결혼보다 퇴사가 훨씬 힘들었습니다. 결혼은 남들도 다 하는 당연한 수순처럼 느껴졌지만, 퇴사는 온전히 저 혼자 감당해야 하는 외로운 도박처럼 여겨졌기 때문입니다.

하지만 확신합니다. 그때 그 황금 족쇄를 풀고 나오지 않았다면 저는 지금쯤 물질적으로 조금 더 여유로웠을지는 몰라도, 분명 지금보다 공허했을 것입니다. 어느날 아침이면 습관처럼 "그때 했어야 했는데"라고 되뇌며, 남은 평생을 가지 않은 길을 동경하며 살았을 테니까요.

안정된 자리는 달콤합니다. 하지만 그 자리가 '나의 자리'가 아니라면, 그곳은 안식처가 아니라 진통제가 들어오는 병실일 뿐입니다. 당신을 붙잡고 있는 것이 안락함인가요, 아니면 두려움인가요? 만약 후자라면, 용기를 내어 그 문을 열고 나오기를 권해보고 싶습니다. 문밖에는 상상하는 것보다 훨씬 더 넓고 다채로운 세상이 기다리고 있으니까요.

외적 동기는 단기적인 퍼포먼스를 끌어올리는 데
탁월한 효과가 있습니다.
이것을 부정할 필요는 없습니다.
문제는 이 외적동기라는 약발이
오래가지 않는다는 점입니다.

장기 레이스, 즉 순항 주행 단계에 들어서면
반드시 주동력을 내적 동기로 전환해야 합니다.
일 자체에서 의미를 찾고, 성장하는 기쁨을 느끼고,
"이 일이 나에게 맞다"라는 충만함을 느껴야만
지치지 않고 오래 달릴 수 있습니다.

4부.

행복의 설계:
나만의 행복으로
나아가는 길

11장.

긍정은
태도가 아니라
구조다

I

인내는 인정에서 나온다, 나를 가스라이팅 하지 말 것

나는 왜 이렇게 나약할까

삶의 궤적만 보면 저는 승승장구해온 것처럼 보이지만, 그 이면에는 늘 괴로움이 그림자처럼 따라다녔습니다. 막연히 힘들었다고 표현하기에는 부족합니다. 견디기 어려울 만큼, 더 나아가 견딜 수가 없어 차라리 눈을 감아버리고 싶을 만큼 구체적이고 생생한 고통이었습니다.

사법시험 공부를 할 때도, 로펌에서 업무 폭탄에 시달릴 때도, 임신 중 아토피가 전신을 뒤덮었을 때도, 심지어 가족과의 갈등이 깊어졌을 때도 저는 늘 벼랑 끝에 서 있는 기분이었습니다.

이런 상황 속에서 저를 가장 괴롭힌 생각은 '상황이 힘들다'

가 아니라, '나는 마음가짐이 글렀다'하는 자책이었습니다.

주변을 둘러보면 다들 의연해 보였습니다. 저만큼 자주 울고, 저만큼 힘든 사람은 없어 보였거든요. 저는 눈물이 참 많은 편인데, 감수성이 풍부해서가 아니라 그만큼 자주 괴로움을 느껴서입니다. 남들은 저보다 훨씬 열악한 상황에서도 씩씩하게 잘만 사는데, 저는 사회적으로 인정받는 지위에 화목한 가정을 꾸리고도 엄살을 피우는 것 같아 부끄러웠거든요.

특히 로펌 시절에는 어디 가서 하소연하기도 힘들었습니다. 저보다 훨씬 많은 일을 묵묵히 해내는 동기와 선배들이 눈앞에 버티고 있었으니까요. 그들 앞에서 "일이 너무 많아서 죽고 싶어요"라고 말하는 것은 한낱 배부른 투정에 불과해 보였습니다. 상식적으로 제가 죽고 싶을 만큼 힘들 자격이 있으려면, 적어도 회사에서 업무량 1등은 찍어야 할 것 같았습니다.

그러니 스스로에게 이렇게 되물을 수밖에 없었습니다.

"네가 지금 힘들 자격이 있어? 넌 그냥 나약한 거야."

그렇게 고통과 자책감이 악순환의 고리를 이뤘죠.

고통의 절대적인 기준은 없다

자책감에 시달리던 그 당시, 누군가가 툭 던진 한마디가 제 뇌리에 깊이 박혔습니다.

"누가 뭐래도, 자기가 힘들면 힘든 거지."

앞서에서도 말했고 지금 다시 재차 언급할 만큼, 저에게는 '유레카'스러운 순간이었습니다. 이 말은 곧 '고통은 철저히 주관적인 영역이며, 내가 아닌 그 누구도 내 고통을 평가할 수 없다'는 뜻으로 제게 다가왔으니까요.

추위를 많이 타는 사람에게 "남들은 반팔 입는데 너는 왜 패딩을 입냐"고 비난하지 않습니다. 배가 빨리 꺼지는 사람에게 "방금 밥 먹었는데 벌써 배고프냐, 넌 의지가 약하다"고 탓하지 않습니다. 그저 "추위를 많이 타는구나", "배가 빨리 고프구나" 말하고 말죠.

감정도 이와 다르지 않겠죠. 감정은 내가 의도적으로 만들어 내는 것이 아니라, 외부 자극에 대해 내 몸과 마음이 반응하는 자연스러운 생리 현상이니까요. 감정 기복이 유달리 없는 사람이 있는가 하면, 저처럼 작은 자극에도 파도가 치듯 감정이 요동치는 사람도 있습니다. 이것은 옳고 그름의 문제가 아니라 기질의 문제로 보는 게 맞겠죠.

물론 감정 표현에는 사회적 합의가 어느 정도 이뤄져 있습니다. 친구가 5분 늦었다고 불같이 화를 내거나, 기분이 나쁘다고 직장에서 폭언하면 안 되겠죠. 하지만 표현이 선을 넘지 않는 한, 내 안에서 발생하는 감정 그 자체는 비난받을 이유가 없습니다. 내가 힘들면 힘든 것이고, 내가 슬프면 슬픈 것이니까요.

억누르면 터진다, 인정해야 풀린다

그런데도 우리는 어른이라는 이유로, 프로라는 이유로 자연스러운 감정을 억눌러야 할 때가 있습니다. '이 정도 일로 힘들면 안 돼', '이런 일은 참고 넘겨야 해'라며 스스로를 검열합니다.

하지만 감정은 억누른다고 사라지지 않습니다. 오히려 억눌러둔 감정은 무의식 속에 똬리를 틀고 있다가, 결정적인 순간에 폭발하거나 병이 되어 몸을 공격합니다. 문제를 덮어두거나 부정하는 것은 해결책이 될 수 없습니다.

힘든 감정에서 벗어나는 첫걸음은 역설적이게도 '내가 지금 몹시 힘들다'라는 사실을 쿨하게 인정하는 것입니다.

'누가 뭐래도 나는 지금 괴롭다', '남들이 비웃든 말든, 내 기준에서는 이것이 지옥이다.'

이런 마음으로 내 편을 들어줘야 합니다. 누구에게 말로 하기도 어려운 고통을 마주할 때, 나마저 내 고통을 무시하면 내 마음은 갈 곳을 잃습니다. 내 감정을 있는 그대로 존중할 때, 비로소 그 감정을 다룰 수 있는 여유가 생깁니다.

객관적 난이도와 주관적 고통을 구분하기

감정을 인정한 뒤에는 한 단계 더 나아가 멘탈 엔지니어링을 시도해볼 수 있습니다. 바로 상황의 객관적 난이도와 내가 느끼는 주관적 고통의 크기를 분리해서 바라보는 기술입니다.

과거의 저는 힘든 일이 생기면 이런 정도도 못 이겨내는 제 마음가짐을 유약하다며 탓하고, 상황과 자아를 한 덩어리로 묶어 비난했습니다. 하지만 이제는 이렇게 바라보려 애씁니다.

상황 인식	지금 업무량은 객관적으로 봤을 때 난이도 100 중 30 정도다.
감정 인식	그런데 나는 욕심이 많고 예민한 기질 탓에 고통은 50쯤으로 느끼고 있다.
수용 및 조정	내가 20만큼 더 과하게 괴로워하고 있구나. 내 기질이 그러니 어쩔 수 없지. 하지만 사실 죽을 만큼 큰일은 아니야.

이것은 생각 한 끗 차이지만, 결과는 천지 차이입니다. 전사의 사고방식은 자존감을 깎아먹고 무기력증을 부르지만, 후자의 사고방식은 스스로를 안심시켜 줍니다.

"그래, 내가 좀 오버하고 있긴 한데, 힘들긴 힘든 거야" 이렇게 스스로를 다독이면 과도하게 솟구쳤던 감정이 조금씩 가라앉습니다. 50이었던 고통이 45, 40으로 내려와 객관적 현실과 어느 정도는 맞춰지게 됩니다.

물론 그렇게 다독여도 줄어들지 않는 고통 역시 있겠죠. 그때는 내 마음가짐의 문제가 아니라, 정말 환경의 문제일 수 있습니다. 일의 총량을 줄이거나 그만둬야 한다는 신호로 받아들여야 하는 문제일 수 있다는 말입니다.

멘탈이 강하다는 건 고통을 느끼지 못하는 게 아닙니다. 고통을 느끼지만, 그 고통에 잡아먹히지 않고 자신을 분리해낼 수 있는 능력을 말합니다. 이런 맥락에서, 저에게는 괴로울 때 자책하기보다는 인정하는 쪽이 더욱 도움 되는 경우가 많았습니다.

"아, 나 지금 진짜 힘들구나."

이 말 한마디가 나를 다시 일으켜 세우는 가장 강력한 주문이 될 수 있습니다.

II
긍정은 억지가 아니라
구조의 재배열이다

감사 일기가 고문처럼 느껴질 때

하루가 멀다 하며 울고, 극단적 생각을 일삼던 시절의 저는 지푸라기라도 잡고 싶은 심정이었습니다. 어떻게든 이 괴로움에서 벗어나고 싶어서 인터넷을 뒤지고 강언을 찾아다녔습니다.

세상에는 힘든 사람을 위한 조언이 넘쳐납니다. "삶이 레몬을 주면 레모네이드를 만들어라(When life gives you lemons, make lemonade)" 같은 유명한 미국 속담부터, 각종 힐링 에세이까지. 표현은 제각각이지만 결론은 하나로 귀결됩니다.

"긍정적인 면을 보라. 감사하라."

물컵에 물이 반이나 남았다고 생각하라는 그 진부한 조언들.

그런데 우울의 늪에 빠져 허우적대던 저에게 이 말은 구원이 아니라 고문처럼 다가왔습니다.

'물이 반밖에 안 남았다는 생각이 들어 미치겠는데, 나보고 어쩌란 말이야?', '도무지 긍정적인 마음이 안 드니까 이렇게 괴로운 건데, 억지로 웃으라니?'

오기가 생겨서 감사 일기도 써봤습니다. '나는 살아 있다. 아픈 곳이 없다. 집이 있다. 남편과 자식이 있다…' 억지로 감사할 거리를 짜내어 적어봤지만, 마음은 차갑게 식어 있었습니다. 당장 내 발등에 불이 떨어져 타들어가고 있는데, '그래도 발목은 멀쩡하니 감사해라'라고 하면 어느 누가 진정으로 감사할 수 있을까요. 누군가에게는 가능할 수 있겠지만, 적어도 저에게는 어려웠습니다. 전혀 위로되지 않았고, 오히려 기만하는 것 같아 화가 날 정도였죠.

지금 돌이켜보면, '긍정적인 마인드를 가져라'라는 조언 자체가 틀린 건 아닙니다. 다만, 깊은 불행에 빠진 사람에게는 너무나 비현실적이고 고차원적인 요구라는 게 문제입니다. 마라톤을 뛸 체력이 없는 환자에게 "일단 뛰어보라"라고 하는 격이니까요.

긍정 대신 객관 선택하기

긍정의 힘을 믿지 못하게 된 저에게 구원이 된 것은, 긍정이 아니라 '객관화(Objectivity)'였습니다.

긍정적으로 생각하라는 말은 현재의 부정적인 감정을 무시하거나 억누르고서, 다른 감정을 덮어씌우라는 요구에 가깝습니다. 다시 말해 감정 노동을 요구한다는 의미입니다. 반면, 객관적으로 보라는 것은 감정을 배제하고 사실, 흔히들 이야기하는 '팩트'만 나열해보라는 뜻이기에 상대적으로 부담이 훨씬 덜합니다.

제가 통번역대학원 입시를 준비하던 때를 예로 들어보겠습니다. 당시 저는 벼랑 끝에 몰린 심정이었습니다. 절대적인 공부 시간 부족, 합격에 대한 갈망, 육아의 고단함이 뒤섞여 신경이 곤두서 있었죠. 그때 누군가 "지원아, 긍정적으로 생각해. 아이들이 건강한 게 어디니?"라고 말했다면 저는 아마도 분명히 폭발했을 겁니다. 저는 그러는 대신 종이를 꺼내 제 상황을 '행복의 대차대조표'로 적나라하게 적어보았습니다.

[불행의 요소]

공부 시간이 턱없이 부족하다.

첫째는 떼쓰고, 둘째는 밤새 운다.

만성 수면 부족으로 머리가 멍하다.

이번에 떨어지면 복직해야 한다.

[행복의 요소]

꿈을 찾아 공부하는 자체가 재미있다.

아이들이 건강하고 예쁘다.

공부 시간이 한정되니 되레 집중된다.

적어놓고 보니, 솔직히 불행의 요소가 더 많았습니다. 긍정 회로를 돌리려 애쓸 필요가 없습니다. '아, 내 상황이 객관적으로 힘들긴 하구나' 하고 인정해야 했죠. 다만, 여기서 멈추지 않고 이 항목들을 다시 두 가지로 분류했습니다. 통제가 '가능한 것'과 '불가능한 것'으로요.

통제 불가	갓난아이가 우는 것, 시험 날짜.
통제 가능	자투리 시간 활용, 집중력 조절.

결론이 꽤 명확해졌습니다. '아무리 아이가 밤새 울어도 내가 어쩔 수 없다. 아이를 버릴 수는 없으니 그냥 젖 먹이고 재우는 수밖에 없다. 대신 내가 할 수 있는 건, 애가 잠든 30분 동안 미친 듯이 단어를 외우는 것뿐이다.'

정신승리가 아닌, 재배열의 힘

상황을 이렇게 해체하고 재배열만 해도, 신기하게 마음이 꽤 차분해졌습니다. 막연히 '힘들어 죽겠다'라고 생각할 때는 고통이 도저히 마주할 수 없는 거대한 괴물처럼 보입니다. 하지만 그것을 종이 위에 낱낱이 해체해 놓으면, '불행 요소가 5개, 행복 요소가 3개인 상황'이라는 데이터로 변환됩니다. 그리고 불행 요소 중 내가 손댈 수 없는 것들을 소거하고 나면, 내가 당장 해야 할 행동 하나만 남습니다.

막연하게 상황을 낙관하며 다 잘될 거라 말하는 억지 긍정과는 분명히 다릅니다. 내가 할 수 있는 것과 없는 것으로 현실을 쪼개고 분리해 인식하는 방법론입니다.

그런데 놀랍게도, 이렇게 상황을 쪼개어 인식하고 '할 수 있는 일'에 집중하다 보면 결과적으로 긍정적인 상태가 됩니다.

'어쩔 수 없지, 뭐. 일단 하자.'

이 단순한 태도가 불안과 우울을 걷어내고, 저를 책상 앞으로 이끌었으니까요.

저는 타고나기를 그리 긍정적인 사람이 되지 못합니다. 아마 여태의 이야기들에서 짐작할 수 있듯, 사실은 비관적인 편에 가깝습니다. 작은 일에도 절망하고, 하루에도 열두 번씩 짜증이 납니다. 그런 제가 "감사합니다"를 입에 달고 사는 긍정의 아이

콘이 될 수는 없습니다. 그건 제 기질에 맞지 않는 옷이니까요. 대신 저는 고집스러운 불행에 빠질 때마다 상황을 이런 식으로 감정을 재배열하려 애씁니다. 현실과 감정을 분리하고, 그중 통제가능한 영역을 찾아냅니다. 그렇게 엉킨 실타래를 풀다 보면, 굳이 애써 웃지 않아도 그럭저럭 견딜 만한 하루가 됩니다.

이렇게 풀어서 보자면, 긍정은 태도의 문제가 아니라, 관점의 문제가 됩니다. 억지로 웃으려 애쓰지 않아도 됩니다. 대신 내가 당면한 불행을 직시하고 한번 자세히 살펴봅시다. 이 불행이 정확히 어떤 요인들로 이루어져 있고, 또 개중 내가 통제할 수 있는 것은 무엇이 있는가 하고요.

이 명료한 시선과 상황에 대한 이해가 마음을 지켜주는 가장 단단한 갑옷이 될 수 있습니다.

III

이기려 하지 말고
그저 버틸 것

"어떻게 그걸 다 이겨내셨어요?"

유튜브 채널을 개설하고 서너 달쯤 지났을 때, 저는 '아무에게도 말한 적 없는 나의 아픔'이라는 제목의 영상을 올린 적이 있습니다. 겉으로는 제법 대단하고 근사해 보이는 제 인생 이면에 얼마나 깊은 불행과 우울이 있었는지를, 영상 자료까지 곁들여가며 적나라하게 고백한 콘텐츠였습니다.

반응은 뜨거웠습니다. "그렇게 힘든 줄 몰랐다"라는 위로와 응원이 쇄도했습니다. 그런데 댓글을 읽다 보니 한 가지 묘한 공통점이 보였습니다. 많은 분이 이렇게 말씀하시더군요.

"그 힘든 시간을 포기하지 않고 극복해 내시다니 대단합니다."

지금에 와서 솔직하게 말해보자면, 저는 그 칭찬이 감사하면서도 마음 한구석이 불편했습니다. 저는 제가 마주한 불행과 우울을 어느 하나도 극복하지는 못했기 때문입니다.

제가 치부를 드러내면서까지 영상을 올린 이유가 "나 이렇게 대단한 사람이야!"를 자랑하고 싶어서는 아니었습니다. 오히려 저도 역시 너무나 아팠고, 무너졌고, 그래서 바닥을 기어야 했던 시간이 있었다고, 나 혼자 힘들었다고 생각하던 그 시간이, 사실은 나 혼자만 힘든 것은 아니었다는 공감대를 형성하고 싶어서였습니다. 그런데 사람들은 저를 '고난을 멋지게 이겨낸 승리자'로 바라보고 있었습니다.

여전히 안타깝게도, 저는 제 시련들을 단 한 번도 극복했다고 생각한 적이 없습니다.

극복이 아닌 생존

사전을 찾아보면 '극복'은 "악조건이나 고생 따위를 이겨냄"이라고 정의되어 있습니다. 즉, 고난과 맞서 싸워 승리한다는 능동적이고 전투적인 의미가 강합니다. 하지만 제 경험을 되짚어보면, 저는 고통과의 싸움에서 이긴 적이 없습니다. 오히려 마주한 모든 순간에 패배했습니다.

사법시험 합격은 성과가 맞습니다. 하지만 그 1년 4개월의 수험 기간 동안, 제가 고시 공부가 주는 괴로움을 정신력으로 제압했을까요? 아닙니다. 저는 끝까지 철저하게 괴로웠습니다. 하루하루가 지옥 같았고, '내일 아침에 눈을 뜨지 않았으면 좋겠다'라고 극단적인 생각까지 해가며 잠들었습니다. 단지 시험 날짜가 되어 시험을 봤고, 운 좋게 합격해서 그 수험 생활이 끝났을 뿐입니다. 제가 고통을 없앤 게 아니라, 시간이 흘러 고통이 끝난 것입니다.

임신 중 겪었던 전신 아토피도 마찬가지입니다. 그 끔찍한 가려움과 진물을 제가 이겨낼 수는 없었습니다. 그럴 수 있을 리가요. 저는 매일 울며불며 괴로워하기에 여념 없었습니다. 아이를 낳았기에 아토피가 자연스레 가라앉은 것이지, 제가 병마와 싸워 승리할 수는 없었죠.

가족과의 갈등, 직장 스트레스… 그 어떤 것도 제가 말끔하게 해결하거나 초월한 것은 없습니다. 저는 늘 좌절했고, 울었고, 도망치고 싶어 했습니다. 제가 유일하게 했다고 자부할 수 있는 건 딱 하나입니다.

"죽지 않고 버틴 것."

마음으로는 수백 번 포기하고 싶었지만, 차마 실행에 옮길 용기가 없어 꾸역꾸역 오늘을 살았습니다. 그런데 지나고 보니 그 비겁해 보였던 '버팀'이야말로 유일한 해결책이었습니다. 이겨내지 못해도 괜찮습니다. 살아남으면, 그것이 곧 이긴 것입니다.

터널은 무너뜨리는 게 아니라 지나가는 것

절망의 한가운데 서 있으면, 이 고통이 영원할 것 같은 공포에 휩싸입니다. 마치 출구가 없는 터널에 갇힌 기분이죠. 이때 "긍정적인 마음으로 터널을 뚫고 나가라"라는 말은 "맨손으로 터널 벽을 뚫고 나가라"라는 말과 다르지 않습니다. 불가능하다는 말의 다른 표현법이죠.

우리가 할 수 있는 건 벽을 뚫는 게 아닙니다. 그저 한 걸음씩, 비틀거리면서라도 앞으로 걷는 것입니다. 걷다 보면 언젠가 출구가 나옵니다. 설령 터널이 끝나지 않는다 해도, 걷다 보면 눈이 어둠에 적응해서 그럭저럭 걸을 만해집니다.

저는 지금 행복합니다. 예전처럼 매일 울지 않고, 삶에 감사함을 느낍니다. 하지만 이것은 제가 강해져서가 아닙니다. 그저 그 폭풍우가 지나갔기 때문입니다. 그리고 폭풍우 속에서 나무를 붙잡고 악착같이 버텼기 때문입니다.

지금 너무 힘들어 숨조차 쉬기 버거우신가요? 상황을 주도적으로 해결하지 못하는 자신이 무능하게 느껴지시나요? 그렇지 않습니다. 끈을 놓지 않고 오늘 하루를 숨 쉬며 버텨낸 것만으로도 당신은 이미 할 일을 다 한 것입니다. 위대한 승리는 고난을 박살 내는 영웅이 아니라, 고난 속에서도 기어이 살아남은 생존자의 것입니다.

상처가 훈장이 되는 순간

"고생 끝에 낙이 온다"라는 말도 있기는 하지만, 피할 수 있다면 피할수록 좋은 게 고생 아니겠습니까. 하지만 인생이 우리에게 강제로 고생을 떠안길 때가 있곤 한데요. 이처럼 피할 수 없는 고통이 닥칠 때면, 그 끝에는 보상이 있다고 믿으면 그 고통이 조금 더 견딜 만하지 않을까 합니다. 그 보상이 돈이나 명예가 아니라, 인생의 '깊이'라고 믿으면서 말이죠.

바닥을 쳐본 사람은 압니다. 바닥에 있는 사람의 추위와 외로움을요. 아픔을 겪어보지 못한 사람은 절대 가질 수 없는 공감 능력, 타인의 삶을 함부로 재단하지 않는 겸손함, 그리고 작은 행복에도 감사할 줄 아는 성숙함. 이것은 오직 아픔을 겪어낸 자에게만 주어지는 훈장이 아닐까요.

만약 제 인생이 굴곡 없는 탄탄대로였다면, 지금쯤 저는 오만히고 재수 없는 엘리드가 되어 있었을시도 모릅니다. 어려운 일을 마주한 타인을 보며 "네가 제대로 노력을 안 해봐서 그래"라고 혀를 찼을지도 모릅니다. 어쩌면 꽤 가능성 있는 이야기일지도 모르겠습니다.

하지만 저 역시 몇 번이고 무너져봤기에, 지금의 저는 어려운 일을 마주한 타인의 문제를 해결해주지는 못 할지라도, 적어도 쉽게 말을 뱉지 않는 인간이 되었습니다. 위로를 하더라도 겪어보지 않은 사람이 던지는 섣부른 몇 마디보다는 같은 길을 가본 자의 조언이 더 큰 위안이 될 수 있겠지요. 고생을 일부러 하는 사람은 없겠지만, 그 결과 조금 더 포용력 있고, 남에게 도움이 될 수 있는 사람이 될 수 있는 것만은 분명합니다.

그러니 피할 수 없는 운명이 나를 덮쳐올 때면, 어디 한번 버텨봅시다. 이겨내려 애쓰지 않아도 됩니다. 시간이 지나 폭풍우가 걷히고 나면, 분명 이전보다 조금은 깊고 단단한 사람이 되어 서 있을 테니까요.

IV

나를 위로하는
가장 확실한 기술

지나고 보니 감정 착취자였던 나

인간은 감정의 동물입니다. 이성은 더 나은 판단을 돕지만, 인간을 움직이는 근본적인 원동력은 역시나 감정입니다. 기쁨이나 행복 같은 긍정적인 감정은 보통 문제가 되지 않습니다. 문제는 분노, 억울함, 서운함 같은 '부정적인 감정'에서 발생하곤 하죠.

아주 어릴 때부터 우리는 감정을 표현하는 법을 배웁니다. 어린아이는 아파트 안내방송 소리에 놀라 자지러지게 울고, 엘리베이터 버튼을 엄마가 대신 눌렀다는 이유로 바닥에 누워 생떼를 씁니다. 아주 미숙한 방식의 감정 표현이고, 어른들의 눈에는 '이게 화낼 일이란 말이야?' 싶기도 하지만, 아이에게 객관적 사실은 중요하지 않습니다. 그저 화가 났고 그걸 참을 수 없다는 게 중요할 뿐이죠.

물론 아이는 그럴 수 있습니다. 그런 표현 방식도 차츰 배워가는 게 아이의 본분이니까요. 정말 문제는 몸은 어른이 되었는데, 감정 표현이 어린아이의 방식에 머물러 있는 경우입니다. 어떤 다른 사람이 아니라, 바로 제 이야기입니다.

저는 MBTI 검사를 하면 감정형, F 성향이 강하게 나오는 사람입니다. 감정이 풍부하고, 그 감정을 누군가와 공유하는 것을 좋아합니다. 좋게 말하면 공감 능력이 뛰어난 것이지만, 나쁘게 말하면 감정 의존도가 매우 높다는 뜻이기도 하죠.

저는 감정을 혼자서 잘 해소하는 법을 몰랐습니다. 짜증 나는 일이 생기면 대나무숲에 갖은 말을 뱉듯 친구를 만나 울분을 쏟아야 직성이 풀렸고, 슬픈 일이 있으면 연인에게 미주알고주알 털어놓아야 마음이 놓였습니다.

"슬픔은 나누면 반이 된다"라는 속담을 철석같이 믿었습니다. 그래서 제 부정적인 감정을 가장 가까운 사람들에게 거침없이 쏟아냈습니다. 사법시험 공부를 할 때가 절정이었는데요. 부모님께는 안 그래도 힘든데 왜 건드리냐며 악을 썼고, 연인에게는 너무 힘드니 위로가 필요하다며 매달렸습니다.

그러지 않고서는 견딜 수가 없었습니다. 저는 제 마음의 쓰레

기통을 비우기 위해 타인을 이용했습니다. 냉정하게 말해, 저는 사랑하는 사람들의 에너지를 빨아먹는 감정 착취자에 가까웠습니다.

받아주는 사람도 결국 지친다

겪어본 분들은 아실 겁니다. 이 방식은 반드시 파국을 맞이합니다. 사랑으로 받아주던 가족이나 연인도 감정선의 한계가 있습니다. 아무리 맛있는 음식도 매일 먹으면 질리는데, 하물며 징징거리는 소리를 매일 듣고 싶어 할 사람은 없으니까요. 바다 같은 연인의 인내심도 결국 바닥나기 마련이고, 그런 때가 되면 상대는 지쳐서 떠나거나 마음의 문을 닫고 맙니다.

그렇게 감정을 받아주던 상대가 사라지면 어떻게 될까요? 이 또한 사람마다 다르겠지만, 저의 경우에는 더 큰 혼란과 괴로움에 빠졌습니다. 스스로 서는 법을 모르니 또다시 내 감정을 받아줄 누군가를 찾아 헤매거나, 해결되지 않은 감정의 찌꺼기를 안고 끙끙 앓아야 했습니다.

그리고 그때가 되어서야 깨달았습니다. 감정은 남이 해결해 줄 수 있는 문제가 아니라는 것을요. 빨래나 청소는 남에게 맡길 수 있어도, 내 마음의 찌꺼기는 오직 나만이 치울 수 있다는 것을요.

참지도 말고, 터뜨리지도 말고

그렇다면 혼자 감정을 삭여야 할까요? 저는 그럴 수 없었습니다. 애당초에 그럴 수 있었다면 문제가 되지 않았을 테니까요. 흔히 '감정을 다스린다'라고 하면 일단 '참는다'라는 생각이 떠오르지 않으신가요. 화가 나도 안 난 척, 억울해도 괜찮은 척 꾹꾹 눌러 담는 것이죠.

하지만 억압은 해결책이 될 수 없습니다. 물풍선의 어느 한 부분을 누르면 다른 쪽이 튀어 오르는 것처럼, 감정 역시 어느 한 부분을 누르면 다른 부분이 튀어나오거든요. 억누른 감정은 곪아서 더 큰 화병이 되거나 엉뚱한 곳에서 폭발하고 맙니다.

제가 찾은 '제3의 길'은 억압도 발산도 아닌, 직시와 수용입니다. 거창해 보이지만, 일종의 마음 독대 시간을 갖는 것입니다.

지금의 저는 부정적인 감정이 몰려올 때, 누군가에게 전화를 걸거나 메신저 창을 여는 대신 혼자 조용한 곳에 앉습니다. 그리고 제 마음 구석구석을 차분히 들여다봅니다.

명명 하기	지금 내가 느끼는 감정이 정확히 무엇인가? 분노인가, 억울함인가, 아니면 수치심인가? 뭉뚱그려 '기분 나쁘다'라 하기보다는, 정확한 감정의 이름을 붙여줍니다.

감각 하기	그 감정이 내 몸 어디에 머물러 있는가? 가슴이 돌덩이를 얹은 듯 답답한가? 얼굴이 화끈거리는가? 목이 조여오는가? 그 신체적 감각을 있는 그대로 느낍니다.
인정 하기	스스로에게 말을 건넵니다. 마치 울고 있는 어린아이를 달래듯 말이죠.

"주문을 외워보자, 그럼에도 불구하고 나는 나를 사랑해."

처음 이 방법을 접했을 때, 저는 코웃음을 쳤습니다. 무슨 사이비 종교도 아니고, 혼자 중얼거린다고 뭐가 달라질까 싶었죠. 하지만 지푸라기라도 잡는 심정으로 시도해본 결과, 효과는 놀라웠습니다. 제가 주로 쓰는 주문은 이것입니다.

"나는 지금 속이 터질 것 같은 분노를 느끼지만, 그럼에도 불구하고 나는 나를 깊이 사랑하고 받아들입니다."

"나는 이 감정을 충분히 느꼈고, 이제 이 감정을 떠나보내도 안전합니다."

신기하게도 이 말을 소리 내든 생각으로든 반복하다 보면, 펄펄 끓던 감정의 온도가 내려갑니다. 상황은 변한 게 없는데, 마음을 짓누르던 무게감이 한결 가벼워집니다. 원리는 간단합니다. 그동안 우리는 내 감정을 적으로 간주하고 싸우려 했거나, 쓰레기 취급하며 남에게 버리려 했습니다. 하지만 이 과정은 감정을 대하는 방식이 전혀 다릅니다. 내 감정을 온전히 나의 일부로 인정하고, 따뜻하게 안아주죠.

친한 친구가 힘들어할 때 "야, 겨우 그런 걸로 왜 그래?"라고 면박 주는 사람은 없을 겁니다. "그랬구나, 정말 고생했네"라고 공감해주겠죠. 그 공감을 친구가 아니라, 내가 '나에게' 해준다고 볼 수 있겠습니다.

남에게 위로받으려면 구구절절 상황을 설명해야 하고, 상대의 반응을 살피며 눈치를 봐야 합니다. 하지만 나를 나에게 설명할 필요는 없습니다. 내가 얼마나 힘든지 가장 잘 아는 사람은 그 누구도 아니고 바로 나 자신이니까요. 그러니 세상에서 나를 가장 완벽하게 위로해 줄 수 있는 사람 역시 다름 아닌 나 자신입니다.

이제 힘들 때 핸드폰을 드는 대신, 가슴에 손을 얹고서 한번 말해봅시다. "많이 힘들지? 알아. 그래도 나는 네 편이야."

이 짧은 독백이 당신의 감정을 온전히 당신의 것으로 만들어 줄 수 있습니다.

멘탈이 강하다는 건 고통을 느끼지 못하는 게 아닙니다.

고통을 느끼지만, 그 고통에 잡아먹히지 않고

자신을 분리해낼 수 있는 능력을 말합니다.

이런 맥락에서, 저에게는 괴로울 때 자책하기보다는

인정하는 쪽이 더욱 도움 되는 경우가 많았습니다.

우리가 할 수 있는 건 벽을 뚫는 게 아닙니다.

그저 한 걸음씩, 비틀거리면서라도 앞으로 걷는 것입니다.

걷다 보면 언젠가 출구가 나옵니다.

설령 터널이 끝나지 않는디 해도,

걷다 보면 눈이 어둠에 적응해서 그럭저럭 걸을 만해집니다.

12장.

신체적 기초:

마음이
흔들리면
몸을
움직여라

I

생각이 많아지면
일단 운동화 끈을 묶어라

고민을 해결하는 가장 단순한 방법

마음이 복잡할 때 우리는 보통 생각으로 문제를 해결하려 합니다. 침대에 누워 천장을 바라보며 끊임없이 시뮬레이션을 돌리고, '어떻게 해야 하지?'라며 고민과 궁리를 반복합니다. 하지만 제 경험상, 생각은 꼬리에 꼬리를 물어 머리를 더 아프게 하는 경우가 많았습니다.

이럴 때 조금은 단순하게 접근해보면 어떨까요. 감정은 추상적이고 관념적인 것으로 여겨지지만, 호르몬과 신경전달물질이 만들어내는 지극히 물리적인 작용이기도 합니다. 그렇기에 해결책 또한 물리적인 방식이 효과를 볼 때도 있습니다.

가장 쉬운 방법은 단 음식을 먹는 것입니다. 당분이 들어가면 뇌는 즉각적으로 도파민을 분비해 기분을 좋게 만듭니다. 하지만 저처럼 체중에 민감한 사람에게 폭식은 더 큰 스트레스를 부르는 부메랑이 되곤 합니다. 술이나 담배 역시 일시적인 도피처일 뿐, 건강을 해친다는 점에서 지속 가능한 해결책은 아니겠죠. 제가 아는 한 가장 강력하고 부작용 없는 처방전은 단연코 '몸을 움직이는 것'입니다.

"건강한 신체에 건강한 정신이 깃든다(A sound mind in a sound body)"라는 말은 너무 뻔해서 흘려듣기 쉽지만, 멘탈이 무너져본 사람일수록 이 말이 진리임을 뼈저리게 느낍니다. 오죽하면 "정신과 의사를 가장 덜 찾아가는 직업 1위가 헬스 트레이너"라는 말까지 있더라고요. 이런 말이 있는 까닭 역시 몸을 움직이면 정신이 맑아지는 덕이겠죠.

횡단보도 초록불이 주는 자신감

저는 대학생 때부터 다이어트를 목적으로 러닝을 시작했습니다. 처음에는 살을 빼야 한다는 의무감에 억지로 뛰었죠. 다리가 후들거리고 심장이 터질 것 같았지만, 신기하게도 숨이 턱끝까지 차오르는 그 순간만큼은 아무런 생각이 나지 않았습니다. 오직 거친 호흡과 팔다리의 움직임에만 집중하게 되면서, 그 순간만큼은 머릿속을 꽉 채우던 복잡한 고민이 강제로 음소거 되는 해방감을 느꼈습니다.

운동이 주는 선물은 비단 미용적 측면의 다이어트뿐이 아닙니다. 저는 뛸 때 얻는 해방감을 '신체적 효능감'이라고 부르고 싶습니다.

일상의 아주 사소한 순간, 예컨대 횡단보도 건너편에서 초록불이 깜빡일 때를 상상해볼까요. 체력이 없을 때는 "에이, 다음 신호 기다리지 뭐"하고 포기합니다. 하지만 운동을 꾸준히 해서 몸이 가벼울 때는 다릅니다. "뛸 수 있겠는데?"라는 판단과 함께 지체 없이 질주하여 거뜬히 길을 건넙니다.

겨우 횡단보도 하나 건넌 게 뭐 그리 대수냐고 하겠지만, 이 감각은 생각보다 중요합니다. 내 몸을 내 의지대로 통제할 수 있다는 감각, 눈앞의 장애물, 즉 깜빡이는 신호를 보고 내 신체 능력으로 극복해 냈다는 작은 성취감. 이 자그마한 성취감이 쌓이면 삶을 대하는 태도 자체가 달라집니다.

몸이 탄탄해지면, 마음도 탄탄해집니다. 여기서 탄탄하다는 건 단순히 근육질 몸매를 말하는 게 아닙니다. 언제든 필요하면 튀어 나갈 준비가 되어 있는 상태, 즉 활력이 도는 상태를 말합니다.

이 활력은 일상으로 확산됩니다. 체력이 뒷받침되면 귀찮은 업무도 미루지 않고 바로 처리하게 되고, 새로운 도전 앞에서도

"일단 해보지, 뭐"라는 배짱이 생깁니다. 현대인들이 겪는 무기력의 8할은 우울증이 아니라 체력 저하에서 온다는 말이 있습니다. 과로와 스트레스에 짓눌려 만사가 귀찮다면, 마음을 다스리려 하지 말고 일단 운동화 끈부터 묶어보십시오.

숙제가 아닌 취미로의 운동

운동의 중요성을 모르는 사람은 없습니다. "노년에는 근육 1kg에 1천만 원"이라는 말도 있으니까요. 하지만 운동 결심이 작심삼일로 끝나는 이유는 운동을 의무 혹은 숙제처럼 접근하기 때문입니다. 건강을 위해서, 살을 빼기 위해서 억지로 하는 운동은 고역일 뿐입니다. 운동을 지속하는 가장 쉬운 비결은 '내가 좋아하는 종목'을 찾는 것입니다.

저도 시행착오가 많았습니다. 처음에는 남들 다 하는 헬스도 해보고, 구기 종목도 기웃거려 봤습니다. 하지만 저는 타고난 운동신경이 둔해서 공을 다루는 운동은 도무지 재미가 없었습니다. 그러다 12년 전, 우연히 폴댄스를 접했습니다. 처음엔 그냥 호기심이었지만, 해보니 저에게 이처럼 찰떡같이 맞는 운동도 없었습니다.

관절에 무리가 없다	매달리는 운동이라 무릎 충격이 적습니다.
근력이 생긴다	제 체중을 버티다 보니 자연스레 근육이 붙습니다.
성취감이 확실하다	매번 새로운 동작을 배워 '도장 깨기' 하는 재미가 쏠쏠합니다.

특히 제 성격상 '도장 깨기'의 쾌감이 컸습니다. 안 되던 동작을 연습 끝에 성공했을 때의 짜릿함은 중독적이었죠. 남들은 힘들게 봉에 왜 매달리냐 묻지만, 저에게 폴댄스는 운동이 아니라 가장 즐거운 놀이이자 취미입니다.

취미가 되니 시키지 않아도 하게 됩니다. 로펌 시절 야근에 시달릴 때도, 지금 육아와 학업에 치일 때두 저는 어떻게든 짬을 내서 폴댄스 학원에 갑니다. 운동하러 가는 시간이 저에게는 에너지를 뺏기는 시간이 아니라, 바쁜 와중에 에너지를 충전하는 힐링 타임이기 때문입니다.

당신에게 맞는 움직임을 찾아라

아직 운명의 운동을 못 만나셨나요? 그렇다면 찾을 때까지 이것저것 시도해보세요. 세상에는 가기 싫어도 억지로 가야 하는 헬스장 말고도 수많은 종류의 체육관이 있습니다.

혼자 하는 게 좋으면 수영이나 러닝, 사람들과 어울리는 게 좋으면 테니스나 크로스핏, 정적인 게 좋으면 요가나 필라테스, 저처럼 성취감이 중요하면 클라이밍이나 폴댄스… 분명 당신의 심장을 뛰게 하는 종목이 하나쯤은 있을 겁니다.

재미가 있어야 지속할 수 있고, 지속해야 몸이 바뀌며, 몸이 바뀌면 인생을 버티는 마음가짐을 다질 수 있습니다.

정신이 흔들릴 때, 억지로 마음을 다잡으려 애쓰지 않아도 괜찮아요. 그저 몸을 한번 움직여봅시다. 땀을 흘리고 나면 엉켜 있던 생각의 실타래가 의외로 스르르 풀릴지도 모릅니다. 그러니 자신을 위한 운동 하나쯤은 확실하게 찾아두면 어떨까요. 긴박한 순간에 마음을 굳건히 지탱해줄 의외의 원동력은 아주 근처에 있을지도 모릅니다.

II

완벽한 사람은 없다, 입체적인 사람이 있을 뿐

서열화? 인생은 한 줄 세우기가 아니다

"세상에 완벽한 사람은 없다."

너무나 뻔한 말이지만, 저는 서른이 넘어서야 이 말의 진짜 의미를 깨달았습니다. 평생 1등만 바라보며 살아온 저에게 한때 세상은 거대한 '서열표' 같았습니다. 2등보다는 1등이 낫고, IQ 100보다는 150이 낫고, 가난한 것보다는 부유한 게 낫고, 못생긴 것보다는 예쁜 게 낫다고 생각했습니다.

물론 특정 항목만 떼어놓고 보면 아마도 분명, 우열이 있다고 볼 수 있겠죠. 피겨 스케이팅 실력으로 저와 김연아 선수를 비교하면 그 우열이야 볼 것도 없지 않겠습니까. 자본주의 사회에서 연봉이나 아파트 평수 같은 숫자는 사람을 줄 세우기에 가장 편리한 도구이기도 합니다.

하지만 제가 간과했던 지점은, 인간은 단면적인 존재가 아니라 입체적인 존재라는 점입니다.

사람은 수천, 수만 가지의 특성이 얽혀 있는 복합체입니다. 돈은 많지만 건강이 나쁠 수 있고, 머리는 비상하지만 성격이 엉망일 수 있으며, 외모는 평범하지만 누구보다 따뜻한 마음씨를 가질 수 있습니다.

그런데 우리는 자꾸 타인의 가장 빛나는 단면 하나를 가져와 나의 가장 초라한 단면과 비교합니다. 그 불합리한 게임의 끝은 언제나 열등감과 비참함뿐입니다. 누군가가 부럽다면, 그 사람의 화려한 앞면뿐만 아니라 그 뒤에 가려진 그림자까지 통째로 가져올 자신이 있는지 물어야 합니다.

모든 장점에는 그림자가 뒤따르는 법

제가 살면서 느낀 불변의 법칙이 하나 있습니다. 모든 장점은 그에 상응하는 단점을 수반한다는 점입니다. 빛이 강하면 그림자도 짙죠. 모두가 부러워할 만한 장점들은 대개 지불해야 하는 비용이 있어 보였습니다.

천재적인 두뇌	예민하고 냉소적이거나, 남들을 무시해 고립될 가능성이 큽니다.
재벌 2세의 재력	평생을 가족 간의 재산 다툼이나 경영권 분쟁 속에서 의심하며 살아야 할 수도 있습니다.
매력적인 외모	자아도취에 빠지기 쉽고, 진실한 인간관계를 맺는 데 어려움을 겪을 수 있습니다.

저 자신의 장점들만 봐도 그렇습니다. 저는 시험을 잘 보는 편입니다. 물론 아주 좋은 장점이긴 하지만, 그 이면에는 실패에 대한 내성이 부족하다는 함정이 숨어 있습니다. 크게 넘어져 본 경험이 없어 작은 돌부리에 걸릴 때도 멘탈이 유리처럼 박살나곤 합니다. 높은 성취욕은 저를 성장시키지만, 동시에 저 자신과 주변 사람들을 피 말리게 하는 족쇄이기도 하죠. 검소한 성격 덕에 돈은 잘 모으지만, 과감하지 못해 자산을 불릴 기회를 놓치기도 합니다.

"남의 떡이 더 커 보인다"라는 말은 진리입니다. 남의 떡은 겉의 윤이 나는 부분만 보일 뿐, 그 속이 어떤 상태인지 정확히 알 수 없기 때문입니다. 하지만 막상 그 떡을 내가 먹게 되면, 그 속에 숨겨진 단점까지 함께 삼킬 수밖에 없죠.

그러니 누군가를 맹목적으로 부러워할 필요가 없습니다. 정말 중요한 건 내 장점이 어떤 것들인지, 그리고 그에 수반되는 단점은 무엇인지를 정확하게 아는 것입니다.

단점이라는 포장지 속에 숨겨진 선물

관점을 뒤집으면, 타인의 단점을 수용할 힘도 생깁니다. 모든 단점의 이면에도 장점이 있으니까요.

제 남편 이야기를 해볼까요. 남편은 쓸데없는 물건을 자주 사고, 사두고 기억도 제대로 못 해서 물건을 쟁여뒀다가 버리기 일쑤입니다. 효율과 가성비에 목숨 거는 저에게는 도무지 이해할 수 없는, 크나큰 단점으로 보였습니다.

하지만 곰곰이 뜯어보니 그건 단순한 낭비벽이 아니었습니다. 그 무던함 뒤에는 푼돈에 연연하지 않는 대범함, 물건의 가격보다 그것이 주는 가치와 즐거움을 중시하는 여유가 숨어 있었습니다. 저는 아깝다는 이유로 절대 못 할 소비를 통해 가족에게 즐거움을 주는 사람이기도 했습니다.

한 기준에서 단점인 그 행동이, 다른 맥락에서는 장점이 될 수도 있습니다. 행동이 굼뜬 직장 동료는 그만큼 신중한 사람일 수 있고, 말대꾸하는 자녀는 주관이 뚜렷한 아이일 수 있으며, 잔소리 심한 부모님은 그만큼 애정이 깊은 어른일 수 있습니다.

물론 도저히 장점을 찾을 수 없는 '빌런'도 없지는 않겠죠. 하지만 가족, 직장 동료처럼 쉽게 끊어낼 수 없는 관계라면, 그들의 단점 뒷면에 붙어 있는 장점을 찾아보려 노력하는 편이 좋지 않을까 합니다. 저 사람의 저런 성격 때문에 내가 힘들기도 하지만, 반대로 저런 성격 덕분에 내가 덕을 보는 부분도 분명 있다고 생각하면서 말이죠.

이렇게 생각하면 울분이 조금은 수그러듭니다. 상대를 억지로 사랑하라는 말은 아닙니다. 그저 그 사람을 입체적으로 바라보는 것만으로도 그 사람 때문에 발생하는 스트레스를 어느 정도 줄일 수 있다는 이야기입니다.

입체적인 나를 받아들이는 연습

타인을 입체적으로 볼 수 있다면, 결국 나 자신도 입체적으로 볼 수 있게 됩니다.

저뿐 아니라 어느 누구라도 남들이 모르는 찌질한 구석과 못난 열등감이 있으리라 생각합니다. 하지만 그것이 한 사람의 전부는 아닙니다. 한 사람에게는 그만이 지닌 고유한 강점과 매력도 공존합니다. 세상에 완벽한 사람은 없습니다. 서로 다른 모양의 조각들이 모여 살아갈 뿐입니다. 튀어나온 부분이 있으면 들어간 부분이 있기 마련입니다.

나의 부족함을 인정하되 비하하지 않고, 타인의 화려함을 인정하되 주눅 들지 않는 태도. 사람을 평면적으로 보기보다는 다양한 면모를 입체적으로 바라보는 시각. 이것이 복잡한 인간관계 속에서 나를 지키고 타인을 품는 가장 어른스러운 지혜가 아닐까 합니다.

건강한 신체에 건강한 정신이 깃든다.

(A sound mind in a sound body.)

너무 뻔해서 흘려듣기 쉬운 말이지만,
멘탈이 무너져본 사람일수록 이 말이 진리임을 뼈저리게 느낍니다.

나의 부족함을 인정하되 비하하지 않고,
타인의 화려함을 인정하되 주눅 들지 않는 태도.
사람을 평면적으로 보기보다는
다양한 면모를 입체적으로 바라보는 시각.
이것이 복잡한 인간관계 속에서 나를 지키고 타인을 품는
가장 어른스러운 지혜가 아닐까 합니다.

13장.

지속의 힘:

불안한 미래를
건너는
현재의 감각

I

행복은 내일이 아니라, 도처에 있다

백 세 인생, 어떻게 채울 것인가

우리 세대의 기대 수명은 이제 백 세라고 하는데요. 그러면 백 세 인생을 잘 살아냈는지, 혹은 그렇지 못했는지는 인제 어떤 기준에 의해 결정될까요? 죽기 직전, 마시막 결과물이 훌륭하면 성공한 인생이라 할 수 있을까요?

평생 현재의 행복을 희생하며 미래를 위해 갈아 넣었는데, 막상 노년에 병이 들거나 허무함을 느낀다면 그 백 세 인생은 성공했다고 부르기 어려울 것입니다. 반대로, 다가오지 않은 미래라며 하루하루 흥청망청 놀다가 말년에 비참해진다면 그것 또한 그리 멋진 인생은 아니겠죠.

결국 정답은 그 사이 어딘가, 균형에 있지 않을까요. 저는 욕심이 많은 사람입니다. 맛있는 것도 먹으며 현재의 쾌락도 좋고, 건강이라는 미래의 자산도 놓치지 않으며, 나만의 개성대로 살고 싶으면서도, 남들에게 인정도 받고 싶습니다.

　이 모순적인 욕망들을 조율하며 하루하루를 살아내기 위해, 제가 터득한 기술이 하나 있습니다. 바로 '순간을 눌러 담는 법'입니다.

마음의 셔터를 누르는 시간

　우리는 맛집에 가거나 여행지에서 예쁜 풍경을 보면 본능적으로 스마트폰을 꺼내 사진을 찍습니다. 나중에 그 순간을 추억하기 위해서인데요. 그리고 이 방식은 국적을 불문하고 '국룰'이라 할 수 있겠죠. 그런데 정작 우리의 평범한 일상, 매일 반복되는 수험 생활이나 직장 생활 속에서는 셔터를 누르지 않습니다. 그저 '빨리 지나가면 좋겠다'라고 생각하며 흘려보내기 바쁩니다. 하지만 저는 지루하고 고단한 과정 중에도, 의식적으로 마음속의 셔터를 누르려 애씁니다.

　저는 사법연수원 시절, 잦은 회식으로 불어난 체중을 관리하기 위해 매일 아침 호수공원을 뛰었습니다. 어느 날 문득, 달리기를 멈추고 가쁜 숨을 몰아쉬며 주변을 둘러보았습니다. 새벽 공기의 차가운 냄새, 호수에 비친 윤슬, 그리고 이 건강한 몸으로 땅을 박차고 달릴 수 있다는 생생한 감각. 그때의 감각은 분명 생동감 넘치는 행복에 가까웠습니다.

저는 그 순간을 머릿속에 꾹꾹 눌러 담았습니다. 10년이 지난 지금도 그 아침의 풍경과 공기, 제 기분은 사진처럼 선명하게 남아 있습니다. 그때 그 순간을 기록해두지 않았다면, 연수원 시절은 그저 '힘들게 공부하던 시절'로만 뭉뚱그려 기억됐을 것입니다.

아토피와 싸우며 낳은 첫 아이를 안고 있을 때도 그랬습니다. 아이가 잠투정을 부려 진이 빠지는 상황이었지만, 문득 짐볼 위에서 아이의 따뜻한 체온을 느끼며 생각했습니다.

'내 품에 이렇게 작고 건강한 생명체가 있다니.'

그 감격스러운 찰나를 놓치지 않고 마음에 새겼습니다.

일상을 음미하는 힘

엄청 거창한 이야기를 하는 건 아닙니다. 바쁜 출근길에 올려다본 하늘이 유난히 파랗다면, 잠깐 멈춰서 그 파란색을 눈에 담아보면 어떨까 하는 가벼운 제안에 가깝죠. 지겨운 공부를 하다가 마신 커피 한 잔이 유독 향긋하다면, 그 향기를 깊이 들이마시며 "좋다"라는 말을 입 밖으로 뱉어보자는 제안입니다.

이것을 심리학에서는 '음미하기(Savoring)'라고 부르더라고요. 현재의 긍정적인 경험을 의도적으로 늘리고 깊게 느끼는 방법입니다.

우리 현대인은 너무너무 바쁩니다. 아무것도 하지 않을 때조차 스마트폰을 보고 도파민에 중독되어 지루할 틈이 없습니다. 하지만 역설적으로 삶의 의미는 그 찰나, 지루한 찰나의 틈새에서 발견되는 게 아닌가 합니다. 쳇바퀴 도는 일상 속에서 잠시 멈춤 버튼을 누르고, 지금 이 순간의 공기, 소리, 내 감정을 인지하는 것.

그렇게 수집한 행복의 조각들이 모여, 고단한 백 세 인생을 지탱하는 버팀목이 되어줄 것입니다. 먼 훗날 인생을 돌아봤을 때, "그때 참 치열했지만, 그래도 낭만이 있었지"라고 회상할 수 있다면, 충분히 성공한 인생 아닐까요?

II

불확실성은
인생의 상수

내비게이션 없는 길을 걷는 법

과거에 대한 기억은 확신할 수 있어도, 미래에 대한 확신을 갖기란 불가능에 가깝지 않을까요. 그렇기에 제 모든 선택의 이 면에는 두려움이 숨어 있습니다.

그래도 다행히, 이 두려움이 저만의 것은 아닌 것 같습니다. 사람 마음은 갈대와 같다는 말처럼 평생을 약속한 부부도 갈라서고, 신의 직장이라 불리는 곳을 제 발로 걸어 나오는 사람도 수두룩한데, 저는 이분들이 두려움 한 점 없이 그런 선택을 했으리라고는 상상할 수 없으니까요. 다시 생각해보면 옷 한 벌을 사도 마음에 안 들어 환불하는 마당에, 인생의 진로를 한 번에 완벽하게 결정한다는 건 애초에 불가능한 일이겠죠.

저 역시 사법시험을 준비할 때만 해도 변호사라는 직업을 평생의 업으로 삼을 줄 알았습니다. 하지만 몇 번의 업무적인 공황 상태를 겪으며 마음이 돌아섰습니다. 지금은 통역 공부를 하고 있지만, 변호사 때 그러했듯 5년 뒤, 10년 뒤 제가 통역을 계속 업으로 삼고 있을지는 확신할 수 없는 문제겠죠.

어딘가에 소속되어 일하고 있을지, 프리랜서로 뛰고 있을지, 아니면 다시 로펌으로 돌아가서 일하고 있을지, 그것도 아니면 전업주부로 살고 있을지. 아무것도 정해진 게 없습니다.

주변에서는 묻습니다. "앞으로 계획이 뭐냐" 하고 말이죠. 그럴 때마다 지금의 저는 답합니다. "몰라요. 그냥 닥치는 대로 살아보려고요" 이 대답이 들리는 것만큼 무책임한 회피성 발언은 아닙니다. 조심스레 말해보자면, 불확실성을 내 인생의 상수로 수용하고 있다는 표현에 가깝습니다.

닫힌 결말보다는 열린 미래를

퇴사 전 1년 동안은 매일이 고민의 연속이었습니다. 퇴사하면 망하지 않을까 하는 공포가 저를 짓눌렀습니다. 하지만 막상 야생으로 나와보니 알겠습니다. 불확실하다는 것은 나쁜 방향뿐만이 아니라 좋은 방향으로도 '무엇이든 될 수 있다'라는 뜻이기도 하다는 것을요.

　예전에는 제 미래가 뻔히 보였습니다. 10년 뒤에는 파트너 변호사가 되어 있을 테고, 연봉은 얼마쯤일 테고, 어떤 차를 타고 다닐지… 그 닫힌 결말이 주는 안정감도 있었지만, 한편으로는 숨이 막히기도 했습니다. 내 인생이 궁금하다면 고개를 들어 연차가 10년, 20년 높은 선배 변호사님들을 보면 얼추 예상이 되었으니까요.

　하지만 지금은 10년 뒤는커녕 당장 내일 무슨 일이 일어날지 모릅니다. 이전처럼 월급날이면 통장에 커다란 액수가 찍히는 일은 없어졌지만, 그 반대급부로 유튜브 알고리즘이 저를 방송국으로 데려다줬고, 어느 날은 출판사에서 출간 제안을 받기도 하는 것처럼요. 그리고 지금 하고 있는 통역 공부가 저를 어떤 낯선 세계로 데려다줄지 모릅니다. 이 막막함은 곧 설렘의 다른 이름이라는 걸, 이제는 압니다.

　물론 전략은 필요하겠죠. 저는 이것을 '지뢰 찾기 게임'에 비유하고 싶습니다. 처음에는 아무런 정보가 없으니 무작위로 땅을 찍어봐야 합니다. 그러다 보면 빈 땅도 디디다가 지뢰를 밟는 것처럼 적성에 안 맞는 일도 겪고, 어떤 일이 잘 맞을지에 대한 단서도 발견합니다. "아, 나는 숫자를 다루는 일은 쥐약이구나", "나는 사람 만나는 걸 좋아하는구나" 이렇게 데이터를 모으며 지뢰가 없는 안전한 길을 좁혀 나가는 것입니다.

저에게 사법시험과 로펌 생활은 결론적으로 '지뢰'라고 판명난 경험이었을지 몰라도, 제가 타인의 싸움에 끼어드는 걸 싫어한다는 분명한 데이터를 준 고마운 시행착오였습니다. 그 덕분에 지금의 통역 공부가 더 소중하고 재미있게 느껴지는 것이기도 하겠죠.

어쩌면 가장 흥미로운 질문, "뭐 하고 살지?"

인터뷰를 하거나 새로운 사람을 만날 때면 제게 앞으로의 계획을 물어보시곤 하지만, 저는 굳이 뚜렷한 답을 내놓지 않는 편입니다. 어떤 생각이 있는데 말을 안 하는 건 아니고, 정말로 답을 도출하지 못했기 때문입니다. 하지만 이제 예전처럼 심각하게 불안하지는 않습니다.

살다 보니 아등바등할 때보다 힘을 뺐을 때 의외로 일이 잘 풀리는 경우가 적지 않다는 걸 알게 되었으니까요. 죽어라 소개팅할 때는 안 생기던 애인이 포기하니까 나타나고, 기를 쓰고 취업하려 할 땐 안 되던 것이 마음을 비우니 덜컥 되기도 하는 것처럼요.

저 역시 현재 제가 할 수 있는 일들, 그러니 육아와 공부와 유튜브에 최선을 다하다 보면, 인생이라는 물살이 저를 가장 적당한 곳으로 데려다줄 것이라 믿습니다.

미래가 보이지 않아 불안하다는 말은, 다시 말해 아직 무한한 가능성이 열려있다는 것입니다. 정해진 길이 없다는 건, 여전히 길을 만들어갈 수 있다는 말이니까요.

"나중에 뭐 하고 살지?"이 질문을 불안해하며 던지지 말고, 어린아이처럼 호기심 어린 눈으로 던져봅시다. 그 답을 굳이 지금 내릴 필요도 없습니다. 인생은 그 답을 찾아가는 과정 그 자체일 테니까요.

미래가 보이지 않아 불안하다는 말은,

다시 말해 아직 무한한 가능성이 열려있다는 것입니다.

정해진 길이 없다는 건,

여전히 길을 만들어갈 수 있다는 말이니까요.

바쁜 출근길에 올려다본 하늘이 유난히 파랗다면,

잠깐 멈춰서 그 파란색을 눈에 담아보면 어떨까요.

지겨운 공부를 하다가 마신 커피 한 잔이 유독 향긋하다면,

그 향기를 깊이 들이마시며

"좋다"라는 말을 입 밖으로 뱉어보면 어떨까요.

14장.

행복의 마지막 퍼즐:

나만의
킥을
찾아라

I

불행했던 부자,
행복한 백수

행복의 필요조건과 충분조건

우리는 모두 다르게 태어나고, 세상은 불공평하기 그지없습니다. 누군가는 금수저를 물고 태어나는가 하면, 누군가는 빚더미 위에서 인생을 시작하기도 하죠. 하지만 수많은 통계와 뉴스가 증명하듯, 타고난 조건이 행복을 온전히 보장하지는 않을 것입니다. 선진국의 높은 우울증 비율이나 유명인들의 비극적인 소식이 물질적 풍요가 마음의 빈곤을 해결해주지 못함을 보여주듯요.

그렇다면 행복에는 무엇이 필요할지, 고민해봤습니다. 그리고 저는 제 행복의 공식을 이렇게 정의하게 됐습니다.

행복 = 보편적 필요조건 + 나만의 킥

돈, 건강, 원만한 인간관계… 이것들은 보편적 필요조건에 가깝습니다. 넘치면 당연히 좋지만, 없으면 상상 이상으로 불편하고 불행해지는 요소들입니다. 그러니 이를 갖추기 위해 노력하는 것은 현실적으로 너무도 중요한 일입니다.

하지만 이것만으로는 부족합니다. 이 요소들은 불행을 면하게 해주되, 이 요소들만으로는 보편적으로 생각하는 행복에 이를 수는 없습니다. 보편적 필요조건으로 70점까지는 채울 수 있지만, 나머지 30점을 위해서는 반드시 마지막 퍼즐 조각인 나만의 '킥'이 필요합니다.

킥이라는 단어는 영미권에서 강렬한 자극을 뜻하는데요. 매운맛이나 알코올의 타격감을 의미하거나, 밋밋한 음식의 맛을 돋우는 향신료의 맛을 더해주는 용어입니다. 우리나라에서는 한 방송에서 '쉐프의 비법'을 뜻하는 개념으로 쓰며 대중에 널리 퍼지게 된 말이죠. 그러니 지금은 우리 인생의 화룡점정(畵龍點睛)이 되어줄 무언가로 읽어주시면 좋겠습니다.

지금 내가 행복한 이유

저는 요즘 행복합니다. 친구를 만나면 스스럼없이 "요즘 참 잘 지낸다"라고 말합니다. 그런데 제 삶을 객관적으로 뜯어보면, 행복할 조건보다는 불행할 조건이 더 많아 보입니다.

저는 현재 백수나 다름없는 프리랜서입니다. 로펌에 남은 동기들은 억대 연봉을 받으며 승승장구하는데, 저는 수입이 거의 없는 수준이죠. 그런가 하면 공부량은 또 살인적이라 영화 한 편도 제대로 볼 여유가 드물고, 제 처지는 몰라라 하는 육아 또한 쉴 틈 없이 저를 몰아붙입니다. 부모님은 여전히 제 선택을 못마땅해하시고, 남편과도 현실적인 문제로 티격태격하는 날이 없지 않죠.

과거, 그러니 '김앤장 변호사' 시절과 비교하면, 돈도, 명예도, 여유도 부족한 게 사실입니다. 그런데 신기하게도, 심리적인 충만감은 그때와 비교할 수 없습니다. 이유는 분명 단 하나 때문이겠죠. 그 어떤 악조건에도 불구하고, 난생처음으로 '내 삶'을 살고 있으니까요.

나만의 가정을 꾸리고, 내가 원해서 대학원에 가고, 내가 좋아서 유튜브를 하고, 내가 즐거워서 운동을 합니다. 지금 제 일상을 채우는 것 중 제가 선택하지 않은 게 없습니다. 저에게 행복의 킥은 바로 주도권과 가정, 그리고 언어 공부였던 것이겠죠.

과거에 제가 불행했던 이유 중 하나는 돈이나 명예 등 필요조건은 차고 넘쳤지만, 정작 저만의 킥이 빠져 있었기 때문입니다. 반대로 지금은 필요조건이 좀 부족해도, 확실한 킥이 더해진 덕분에 그러한 공허감이 충족된 것이겠죠.

취향을 찾듯 행복을 찾아라

이 킥은 사람마다 다릅니다. 저에게는 통역과 가정이지만, 누군가에게는 자유로운 싱글 라이프일 수 있고, 누군가에게는 낚시, 요리, 봉사, 혹은 아무것도 안 하고 멍때리는 시간일 수 있습니다.

문제는 보편적 필요조건은 세상이 알려주다 못해 이걸 추구하라고 소리치지만, 나만의 킥이 무엇인지는 아무도 알려주지 않는다는 거죠. 오직 나만이 찾을 수 있습니다. 그래서 어쩌면 그 무엇보다 어려운 질문일 수도 있죠.

하지만 너무 심각하게 생각할 필요도 없습니다. 우리는 이미 답을 찾는 방법을 알고 있으니까요. 내가 가장 좋아하는 음식을 알고 있는 것처럼, 내가 가장 좋아하는 영화 징르가 무엇인지 말할 수 있는 것처럼 말이죠.

이것저것 먹어보고, 이 영화 저 영화 찾아서 보다 보니 자연스럽게 알게 되는 게 취향이죠. 행복의 킥도 마찬가지입니다. 이 일 저 일 기웃거리고, 다양한 취미를 건드려보다 보면, 유독 내 가슴을 뛰게 하거나 마음을 편안하게 해주는 무언가를 발견할 수 있을 겁니다.

그것을 찾았다면, 실천하는 것은 어렵지 않습니다. 내가 좋아하는 일이니까요. 제가 통역 공부와 육아로 몸이 부서질 것 같아도 마음이 충만하다고 말할 수 있는 이유는, 그것이 제가 찾은 가장 맛있는 음식이기 때문입니다.

Ⅱ

붓을 쥔 이는
바로 나 자신

타인이 준 목표에는 그 다음이 없다

아무도 삶을 선택해서 태어나지 않습니다. 눈 떠보니 한국이었고, 눈 떠보니 누군가의 자식으로 나 있었습니다. 주어진 삶은 불공평하고, 때로는 허무합니다. 이 거친 세상에서 하루하루 버티기 위해서는 수면욕, 식욕을 비롯한 본능을 넘어서는 강력한 동력이 필요합니다.

그 동력은 반드시 '내 안'에서 나와야 합니다. 남이 시켜서 억지로 하는 일로는 아무리 멀리 가더라도, 도착 지점 이후의 미래가 그려지지 않기 때문입니다.

제가 사법시험을 준비할 때, 제가 상상한 미래에는 정확한 종

착점이 있었습니다. 합격. 그다음은 없었습니다. 어떤 법조인이 되고 싶은지, 어떤 삶을 살고 싶은지 구체적인 그림이 그려지지 않았죠. 그저 부모님이 원하니까, 남들이 좋다니까 좇게 된 꿈이었기 때문입니다.

반면, 저는 어릴 때부터 막연히 북적북적한 대가족을 꿈꿨습니다. 누가 시킨 것도 아닌데, 할머니가 된 제가 손주들에게 둘러싸여 있는 모습을 상상하면 기분이 좋았습니다. 내 마음 깊은 곳에서 우러나온 소망이었기에, 임신 중 아토피로 피가 나고 진물이 흐르는 고통 속에서도 저는 기꺼이 셋째를 꿈꿉니다. 남들이 보면 그 고통을 또 감수하냐 묻겠지만, 저에게는 그것이 행복이니까요.

통역도 마찬가지입니다. 누가 시키지 않았는데도 저는 10년 뒤, 20년 뒤의 제 모습을 상상합니다. 흰머리가 희끗한 통역사가 되어 유창하게 영어를 구사하고, 다양한 분야의 지식을 섭렵하는 모습을요. 공부를 억지로 하느냐 스스로 원해서 하느냐에 따라, 미래의 해상도와 상상력은 그 차원이 달라집니다.

꿈은 이루어지지 않을 수 있지만

물론 제 도전이 해피엔딩으로 마무리되지 않을 수 있습니다. 통역사로 대성하지 못하고, 현실과 타협해 다시 로펌 변호사로 돌아갈 수도 있죠. 그냥 하는 말이 아니라 지금 당장도 진지하게 고민하고, 또 정말 그럴 수 있다고 생각하는 삶의 한 갈래입니다.

하지만 그렇다 하더라도, 이번에는 다를 것입니다. 과거의 제가 보이지 않는 미래에 등 떠밀려 법조인이 되었다면, 지금의 저는 '내 인생의 큰 그림을 그리기 위해 법조인이라는 옷이 더 필요하다'라고 판단하고 주체적으로 선택한 것일 테니까요.

"자신이 선택한 길을 걷는 사람은 실패를 두려워하지 않습니다. 그 실패조차 내 선택의 결과이기에 받아들일 준비가 되어 있기 때문입니다" 이렇게 멋진 흐름으로 글을 이어가고 싶지만, 저도 사실 두렵기 그지없습니다. 인생이라는 거대한 도화지 앞에 선 제가 지금 스스로 붓을 들고 그려가는 그림이 옳게 된 그림이 맞을지, 하고요. 그러니 그림을 망칠까 봐, 남들이 비웃을까 봐 겁이 납니다. 하지만 그런 순간이면 또 언제고 잊지 않으려 애를 씁니다. 붓을 쥔 사람은 바로 나 자신이고, 나의 그림은 내 손끝에서만 펼쳐질 수 있다는 점을요.

완벽한 그림이 아니면 어떻습니까. 이 색 저 색으로 칠해보고, 마음에 안 들면 덧칠도 해보고, 그래도 영 아니면 캔버스를 찢고 다시 시작하죠, 뭐. 충분히 붓질해보고 고민한 끝에 내린 결정이라면, 결과가 어떻든 적어도 후회는 가장 덜 하지 않겠습니까.

후회는 시도 뒤에 남는 감정입니다. 이 후회에는 이러나저러나 시도해봤다는 의미가 내포해 있습니다. 실패해서 후회가 남는다 하더라도, 시도조차 못 해봤다는 후회는 없다는 말입니다. 꿈은 이루어지지 않을 수 있습니다. 할 수 있는 최선을 다하고도 실패할 수 있습니다. 하지만 성공보다 중요한 것이 있다면, 후회하지 않는 것이 아닐까요.

실패가 두려워 다가올 시간을 빈칸으로 두기에, 우리의 인생은 너무도 소중합니다. 내가 선택한 길을 걷고, 내가 좋아하는 것으로 내 삶의 빈칸을 채워나가는 것. 그것이 정답 없는 세상에서 우리가 할 수 있는 유일하고도 확실한 행복론이 아닐까 합니다. 실패해도 괜찮습니다. 내가 바라는 행복에 다다르기 위해서는 좋든 싫든 계속해서 시도하는 수밖에 없으니까요. 그러니 방금 넘어졌더라도 한 번도 넘어진 적 없는 것처럼 일어나 툴툴 털고 나아가 보면 좋겠습니다.

"자신이 선택한 길을 걷는 사람은

실패를 두려워하지 않습니다.

그 실패조차 내 선택의 결과이기에

받아들일 준비가 되어 있기 때문입니다."

이렇게 멋진 흐름으로 글을 이어가고 싶지만,

저도 사실 두렵기 그지없습니다.

하지만 완벽한 그림이 아니면 어떻습니까.

이 색 저 색으로 칠해보고, 마음에 안 들면 덧칠도 해보고,

그래도 영 아니면 캔버스를 찢고 다시 시작하죠, 뭐.

충분히 붓질해보고 고민한 끝에 내린 결정이리면,

결과가 어떻든 후회는 가장 덜 하지 않겠습니까.

보여주기 위한 삶이 아닌 나를 위한 삶

우선 세상에 있는 수많은 책 중 제 책을 집고서 읽어주셔서 감사하다는 말씀을 드립니다. 유독 감사한 까닭은, 마음속 깊은 곳에서 제기 책을 펴낼 정도로 특별하거니 대단하다고 생각하지 않기 때문입니다.

그도 그럴 것이, 저는 어떤 대단한 업적을 달성한 게 아닙니다. 전문적인 지식을 공유하는 것도, 사회적 공로를 세운 것도 아닌데, 그저 저 한 몸 행복하고자 고군분투하는 과정에서 한 일련의 선택들이 주변의 이목을 끈 것뿐이지요. 그렇지만 어떻게 보면 우리 모두 눈 떠보니 태어나 있는 세상에서, 주어진 인생에서 최선을 만들어 보려고 애쓰는 사람들로서, 이건 저만의 이야기가 아니라 모두에게 적용되는 이야기인 것도 같습니다.

이제서야 솔직히 말씀드리지만, 저는 살면서 한 번도 저자가 될 거라고는 생각해본 적이 없습니다. 심지어는 언어를 좋아하는 것과 별개로 글솜씨는 볼품없어서, 처음에는 내놓을 수 있는 글을 쓸 수 있을지 걱정도 많았습니다.

변호사, 그것도 국내 최고 로펌의 변호사를 그만두고 통번역대학원에 간다는 선택은 어느 누가 봐도 경악할 만한 것이었고, 유튜브라는 촉매제를 통해 언론의 소소한 주목을 받기도 했습니다. 감사한 마음으로 몇 번의 언론 출연도 해봤지만, 번번이 느낀 점은 편집된 결과물이 제 진심을 온전히 반영하기는 어렵다는 것이었습니다. 콘텐츠의 홍수 속에서 선택받아야 하는 영상이나 온라인 매체의 특성상, 가장 이목을 끌고 자극적인 내용을 앞세울 수밖에 없기 때문입니다. 저도 한 채널을 운영하는 유튜버로서 이해하지 못할 바는 아니지만, 한번쯤은 온전한 제 진심을 전하고 싶었습니다.

물론 이 책 역시 한 줄 요약하면 '사법시험 최연소 합격자가 로펌 때려치우고 학생이 됐더니 행복하대' 정도가 되겠지만, 그 속에 녹아있는 제 치열한 고민과 배움, 성장을 20분짜리 미디어에 담기에는 아쉬움이 많았습니다. 심지어는 저는 아직까지도 여차하면 변호사로 돌아갈 수 있다는 가능성을 충분히 열어두고 있는데, 이마저 유튜브 스타일로 한 줄 요약을 하자면 '뭐야 다 뻥이었네'가 되고 말겠죠.

제 선택과 삶은 누구에게 보여주기 위한 것도, 누군가를 기만하기 위한 것도 아닙니다. 다만 저는 누군가가 시키는 대로 수동적으로만 살아온 인생에서, 보다 주체적인 선택을 하며 행복에 다가가는 경험을 해본 사람입니다. 그리고 그 속에서 느낀 점, 배운 점을 공유하면 분명 누군가에게 도움이 되리라 믿습니다. 나를 알아가는 여정은 어느 시점에 끝나는 게 아니라, 어쩌면 죽는 날까지도 계속되는 과정일 테니까요.

수많은 행복과 불행의 요소가 있는 인생에서 이 고군분투의 여정 없이는 충만한 행복을 느끼기 어렵습니다. 어쩌면 당신 역시 그런 고민을 하고 있을지도 모르죠. 이런 고민의 순간에 제 이야기가 여러분의 여정을 촉발하거나, 길잡이가 되어주거나, 말동무가 되어줄 수 있다면 좋겠습니다.

일등을 그만두기로 했다
세상의 정답 대신 나만의 질문을 찾는 법

초판 1쇄 2026년 3월 23일

지은이 · 박지원
디자인 · dal

펴낸곳 · 일요일오후
등록일 · 2021년 3월 26일 제2021-000031호
이메일 · booknsunday@naver.com
인스타 · @booknsunday

19,000원
ISBN 979-11-975314-5-3 03190